多数決を疑う

社会的選択理論とは何か

坂井豊貴
Toyotaka Sakai

岩波新書
1541

はじめに

他人にあれこれ指図されるのはいやだ。自分のことは自分で決めたい。自由に決定させてくれ。だが決定とは選択肢を最後の一つにまで絞り込み、他の可能性をすべて捨て去ることだ。いかに豊かな選択肢のなかから選び取ろうとも、熟慮の末に判断したものであろうとも、それは自らを身動きの取れない状況に置くという、ひどく拘束的な行為である。であれば自由の特徴とは、拘束する者とされる者との一致にほかならない。

自分のことを自分で決めさせろという希求は、自分のことは自分で決められるはずだという期待に基づいている。この期待はそれが自分に可能だという、希望の発露の一種である。こうした意思を「自分」でなく、「自分たち」に適用したとき、それは民主制《デモクラシー》を求める思考の基盤となる。伝統や権威、宗教や君主に任せるのではなく、自分たちで自分たちのことを決めてみせよう。どうせ決定は拘束を生み出すのならば、その決定主体は自分たちにしてみせよう。民主制には多様な制度形態があれども、その基本理念とは、およそこのようなものである。

民主制の歴史を包括的に調べ上げた政治学者ジョン・キーンは、それを「この発明は今日の私たちにまで及ぶ、ひとつの希望的観測の力強い表れである。古代ギリシア人はそれをdēmokratia《デーモクラティア》と呼んだ」と言い表した。

だが自分で決めることと自分たちで決めることには大きな違いがある。一と多の違いだ。自分だけのではなく、自分たちの決定を行うためには、異なる多数の意思を一つに集約せねばならない。具体的にどう集約するかというと、多数決がよく使われる。

むろん単に意思を集約してもしょうがない。まともな情報がないなかで、また深く考えずに投票するのでは、自分たちでうまく決められていることにはならない。だからこそ政府は情報を公開すべきだし、表現の自由は大切だし、知ろうとすることや熟慮することも大事なわけだ。

だがこれらの諸条件がすべて満たされたとして、多数決は人々の意思を適切に集約できるのだろうか。

二〇〇〇年のアメリカ大統領選挙を例に挙げよう。当初の世論調査では、民主党の候補ゴアが共和党の候補ブッシュに勝っていた。だが途中で泡沫候補のラルフ・ネーダーが立候補を表明、最終的に支持層が重なるゴアの票を喰い、ブッシュが漁夫の利を得て当選することとなった。多数決は「票の割れ」にひどく弱いわけだ。

多数決という語の字面を見ると、いかにも多数派に有利そうだが、必ずしもそう働くわけではない。とはいえそれは少数意見を汲み取る方式でもない。

おそらく多くの人は、多数決に対するそのような違和感を、どこかで感じたことがあるのではないか。その違和感を論理立てた言葉で説明すること。科学的な分析の俎上に載せてみること。それができれば、より優れた意思集約の方式を作れるはずである。またそうした方式作りの可能性を追求することで、何が不可能なのかも見えてくるだろう。

多数決を含むあらゆる意思集約の方式は、多を一に結び付ける関数として数学的に表すことができる。であれば「違和感」や「優れた」などの主観的な感覚をも、関数の性質として定式化し扱ってしまえばよい。

これは特段珍しい頭の使い方ではない。建築でいえば、地震の揺れに強いという感覚を、耐震性という客観的な基準に定式化するようなものだ。珍しいとすれば、それは知性の使い方ではなく、使い先のほうである。多数決をはじめとする意思集約の方式に対して、そのように頭を使う習慣は、世にまだ広まっていないのだ。

だからこそ多数決が当たり前のように各地で用いられているわけだが、代替案はいろいろある。そのうちの一つがボルダルール、1位に3点、2位に2点、3位に1点というように、順位に等差のポイントを付け加点していくやり方だ。この方法は票の割れ問題にとても強い。むろんこの「票の割れ問題」は定式化せねばならないわけだが、ボルダルールがそれに強いとは、ある建築工法が一定の耐震基準を満たすというようなものだ。

こうした学問的な試みが一八世紀後半、フランス革命前のパリにて始められた。始めたのは二人の才人、ボルダとコンドルセである。今日ではそうした学知の集積は、社会的選択理論という社会科学の一分野を形成している。本書では、この分野の諸成果を、歴史や思想を交えて平易に語ってゆく。社会的選択理論自体は数理的な学問だが、本書を読むのに数学はいらない。たまに簡単な掛け算九九が出てくることはあるが、自分で計算する必要はない。

さて、民主的でない投票(独裁者への対立候補が抑圧される・対立候補の支持者は投票できない等)はあるが、投票のない民主制はない。投票でどの方式を用いるかは、民主制の出来具合を左右する重大要素である。複数の候補者から一人の政治家を選出する選挙を例に、多数決という投票方式についてさらに考えてみよう。

多数決のもとで有権者は、自分の判断のうちごく一部に過ぎない「どの候補者を一番に支持するか」しか表明できない。二番や三番への意思表明は一切できないわけだ。だから勝つのは「一番」を最も多く集めた候補者である。そのような候補者は広い層の支持を受けたものとは限らない。極端な話、ある候補者が全有権者から「二番」の支持を受けても、彼らが「一番」に投票するのであればその候補者には1票も入らない。ゼロ票である。

多数決の選挙で勝つためには、どの有権者をも取りこぼさないよう細かく配慮するのは不利というわけだ。とにかく一定数の有権者に一番に支持してもらい、投票用紙に名前を書いてもらう必要がある。政治家だって生活がかかっているし、落選するのは辛い。万人に広く配慮したくとも、一番に支持してもらえないと票に結び付かないので、そうしにくい。その結果として選挙が人々の利害対立を煽り、社会の分断を招く機会として働いてしまう。

だがこれは政治家や有権者が悪いのではなく、多数決が悪いのではないだろうか。しかし多数決を採用しているのは人間である。多数決を自明視する固定観念が悪い。

ではいったい私たちは多数決の何を知っているというのだろうか。それはいつ、何を対象として、何のために使われるべきものなのか。利用上の注意点は何か。どんなときに他の手法――例えばボルダルール――に取って代わられるべきなのか。多数決をするとしても、重要な物事――例えば憲法改正――を決めるときには、何%の賛成が必要とされるべきなのか。家電製品のように説明書きが要るのではなかろうか。

そして、これらの「べき論」は、趣味や嗜好ではなく、論拠や証拠に基づき展開される必要がある。一定の耐震基準を満たさない建築物は、いかにそれが趣味や嗜好に適っていたとしても、あるいは伝統や宗教が是としようとも、安全性の面から棄却されねばならないように。それは何よりもまずそこに居る人間のためである。

社会制度は天や自然から与えられるものではなく、人間が作るものだ。それはいわば最初から不自然なもので、情念より理性を優先して設計にあたらねばならない。「設計」という語に旧共産主義国家の名残を感じ、抵抗を覚える人がいるかもしれない。「理性」と聞くと大袈裟で、説教めいた印象を受ける人もいるかもしれない。だが少し考えてみてほしい。

伝統や宗教による支配――それはときに伝統や宗教の名のもとに人が人を服従させることだ――を避けたいならば、自分たちのことを自分たちで決めたいならば、自分たちでそれが可能となる社会制度を作り上げねばならない。これは単なる論理的必然であり、民主政も共産政もへったくれもない。

そして、その作業は面倒なうえ注意深くあらねばならないので、情動のおもむくまま行うわけにはいかない。理性やら知性やら悟性など、使うと疲れるしんどい能力をいやでも用いる必要があるし、歴史に学ぶ必要だってある。また、人々はそうした作業のなかで、自由や人権や平等などの近代的諸価値を発明し、それらを尊重する仕組みを少しずつ社会制度に採り入れてきた。むろんそのプロジェクトは今なお進行中で、ときに退行し、拒否を受け、ひどく不十分ではあるものの。

この本は微力ながらそのプロジェクトの一部を引き継ぐことを意図している。テーマは投票、より具体的には多数決の精査とその代替案を探索することだ。それに伴い本書では、このプロジェクトを約二五〇年前に開始した主要人物の一人、ジャン゠ジャック・ルソーによる投票をめぐる議論を並走させ、物事を考える参照点として適宜用いる。これは社会的選択理論の萌芽にルソーが深く関係しており学問的な相性がよいこと、および彼が投票についてきわめて包括的な考察を与えていたという二つの理由による。

二五〇年前とは人類史においてはつい先ほどのことだ。いまだルソーの議論は古びていないばかりか、近代的諸価値がときに羽毛のように軽く扱われ、また価値の過度な相対化がそれに拍車をかける今日において、新鮮でさえある。私たちは依然として、ポスト近代を語れるほどの近代には達していないのだ。

自分たちのことを自分たちで決めるためには、どうすればよいのか。これは思想的な問題であると同時に、技術的な問題である。二五〇年前にはまだ萌芽したばかりであった社会的選択理論は今日、その問いへいくつかの明確な解答を与えられるようになった。以下、本文でそれらを記す。

多数決を疑う

目次

第1章　多数決からの脱却

1 多数決を見つめ直す

絶海の孤島での選挙

赤道直下の太平洋に浮かぶ島国ナウルは、ハワイとオーストラリアのあいだに位置している。面積わずか二一平方キロメートル、人口はおよそ一万人である。珊瑚礁に囲まれたこの島を一七九八年にイギリスの商艦が見つけたとき、艦長は航海記録に「快適の島《プレザント・アイランド》」と記した。

とはいえ、その後のナウルの歴史は快適さに満ちたものではない。この国は、一八八八年にドイツに植民地にされ、ドイツが第一次世界大戦に敗れてからはオーストラリア等に支配され、第二次世界大戦中は日本に占領されて米軍に空爆され、その後は国連の信託統治制度のもと再びオーストラリア等の統治下におかれた。ようやく独立を回復したのは一九六八年のことだ。

各国がナウルに深い関心を示したのはその島が快適だったからではない。良質なリン鉱石があったからだ。そして独立後のナウルはリン鉱石事業によって莫大な利益を上げた。その利益は国民全員に還元され、税金はゼロになり、政府は無軌道な投資プロジェクトを次々と開始した。大規模プロジェクトのなかにはエア・ナウルという航空会社の設立もあり、一時はナウルと鹿児島の間を直行便が飛んだが、ほとんど乗客はいなかった。当時、ナウルの医療や教育は無料であった。

この時期に限っていえばナウルは夢のように快適であった。しかしそれは富を生み続けるリン鉱石事業があってこそのものだ。黄金時代は長く続かず、一九九〇年代に資源が枯渇しはじめると、ナウルの夢は瞬く間にはじけ飛んだ。国家財政は破綻し、物理的インフラは朽ち果て、石油の輸入が途絶えた。ただし治安は安定したままで、社会秩序の維持は続いた。

二〇〇〇年代にナウル政府は、支援国からの援助を頼りに財政危機から抜け出そうとした。日本は主要な援助国のひとつで、あるときはナウルが捕鯨に賛成することと引き換えにエネルギー支援を行い、国際捕鯨委員会の議決を一票差で制した。台湾は中国からの独立をナウルに支持してもらうことの引き換えに、中国は不支持してもらうことの引き換えに、それぞれ援助合戦を展開した。

その後の紆余曲折を経た近年、ナウルの経済は回復傾向にある。二〇一一年にはGDP（国内総生産）の成長率がプラスに転じた。漁業権の販売や、新たな地層からのリン鉱石採掘などがそれを支えている。とはいえこの国の暮らしにはGDPにカウントされない物々交換も多く、また娯楽のない絶海の孤島においておカネの使途は限られている。「経済の回復」が意味するところは必ずしも定かでない。いずれにせよナウルの治安は安定しており、国政は民主的に運営されている。

米国にはフリーダム・ハウスという民主主義の調査団体があり、毎年、世界各国の民主主義の度合いを発表している。ナウルは「自由」「部分的に自由」「不自由」の三段階評価のうち、長い間「自由」の高い評価を維持している。なお、二〇一四年には一九五カ国のうち日本を含む四五％の八八カ国が「自由」で、残る三〇％の「部分的に自由」な国にはメキシコやフィリピン、二五％の「不自由」な国にはロシアや中国などがある。

ナウルには一院制の国会があり、二〇歳以上の国民が有権者で、三年に一度の選挙により議員を選んでいるが、そこでの選挙方式が非常に興味深い。日本のように1人の有権者が1名の候補者だけに投票する単記式の多数決ではないのだ。

ナウルの選挙方式は次のようなものだ。いま定数2名の選挙区に5名の候補者が現れたとしよう。すると各有権者はその5名への順位を紙に書いて投票する。そして「1位に1点、2位に1/2点、3位に1/3点、4位に1/4点、5位に1/5点」の配点で、候補者は点を獲得する。その点の和が候補者の獲得ポイントとなり、上位2名が当選する。計算にはコンピュータを用いるが、ただの足し算であり、結果を出すのに時間はかからない。

この選挙方式は一九七一年からナウルで使われているもので、考案者で当時の法務大臣デスモンド・ダウダールの名を冠し、ダウダールルールと呼ばれている。ダウダールルールと多数決はかなり異なるが、多数決は「1位に1点、2位以下はすべて0点」と配点する方式だと考えれば比較しやすいだろう。つまり両者の何が異なるかというと、配点の仕方なわけだ。

有権者は、多数決だと2位以下へ一切の加点ができないが、ダウダールルールだとそれができる。また有権者が順位を決めやすいであろう上位では点差が大きくつく一方で、五十歩百歩で決めにくい下位では点差が小さくなる。こう考えるとダウダールルールの配点はうまくできている。

多数決という意思集約の方式は、日本を含む多くの国の選挙で当たり前に使われている。だがそれは慣習のようなもので、他の方式と比べて優れているから採用されたわけではない。そもそも多数決以外の方式を考えたりはしないのが通常だろう。だが民主制のもとで選挙が果たす重要性を考えれば、多数決を安易に採用するのは、思考停止というより、もはや文化的奇習の一種である。

多数意見は尊重されるか

「多数決」という言葉の字面を眺めると、いかにも多数派の意見を尊重しそうである。だからこそ少数意見の尊重も大切と言われるわけだ。だがそもそも多数決で、多数派の意見は常に尊重されるのだろうか。

「はじめに」でも触れたひとつの反例を挙げてみよう。アメリカでは四年に一度、全米をあげての大統領選挙が行われる。選挙期間中は大々的なパレードや公開討論が行われ、街中でも一般家庭が支持候補の旗を窓に飾るなど、なかばお祭り騒ぎの様相を呈する。

アメリカには共和党と民主党の二大政党があり、大統領選挙では毎回、両党が接戦を繰り広げる。なかでも二〇〇〇年の戦いは熾烈なものだった。共和党の候補はジョージ・W・ブッシュ、父親も大統領を務めた二世政治家のテキサス州知事だ。対する民主党の候補はアル・ゴア、環境保護と情報通信政策に通じた当時の副大統領である。

事前の世論調査ではゴアが有利、そのまま行けばおそらくゴアが勝ったはずだ。ところが結果はそうはならず、最終的にブッシュが勝った。この選挙は、票の数えミスや不正カウント疑惑など、それだけで本が一冊書けるほど問題含みのものだったが、ここでは次の点だけに注目しよう。

途中でラルフ・ネーダーが「第三の候補」として立候補したのだ。彼は、大企業や圧力団体などの特定勢力が献金やロビー活動で政治に強い影響力を持つことに対して、反対活動を長く行ってきた弁護士の社会活動家だ。政治的平等を重視する民主主義の実践家だといってもよい。一九六〇年代には自動車の安全性をめぐって巨大企業ゼネラル・モーターズに戦いを挑み、勝利を収めたこともある。

ネーダーの立候補には、二大政党制に異議申し立てをする、有権者に新たな選択肢を提供するという意義があった。とはいえ二大政党に抗して彼が取れる票はたかが知れている。話題にはなっても当選の見込みはない。

ネーダーの政策はブッシュよりゴアに近く、選挙でネーダーはゴアの支持層を一部奪うことになる。ゴア陣営は「ネーダーに票を入れるのは、ブッシュに票を入れるようなものだ」とキャンペーンを張るが、十分な効果は上げられない。ゴアがリードしていたとはいえ激戦の大統領選挙である。この痛手でゴアは負け、ブッシュが勝つことになった。

特に難しい話をしているわけではない。要するに票が割れてブッシュが漁夫の利を得たわけだ。ゴアにしてみれば、ネーダーは随分と余計なことをしてくれたことになる。そもそもネーダーだって一有権者としては、ブッシュとゴアなら、ゴアのほうが相対的にはマシだと思っていたのではないか。

選挙の開票に関する混乱ののち、二〇〇一年一月にジョージ・W・ブッシュは第四三代アメリカ大統領に就任した。そしてその九月に、ハイジャックされた二機の飛行機がニューヨークの空をゆっくりと舞い、摩天楼にそびえ立つ世界貿易センター・ツインタワーへ続けて突撃した。アメリカは同時多発テロの襲撃を受けたのだ。

ブッシュは報復として一連の「テロとの戦争」を始め、アフガニスタンへの侵攻を開始した。さらに彼は自分の父親が大統領だった頃から因縁深い、イラクへの侵攻も開始した。開戦の名目は、イラクのフセイン政権がテロ組織に大量破壊兵器を渡す危険性があるというものだったが、フセイン政権はテロ組織と交流がないうえ大量破壊兵器を持っていなかった(そもそも「イラク侵攻ありき」だった疑いが非常に強い)。

アメリカはフセイン政権を倒してイラクの民主化を試みるもののうまく行かない。少数派として抑圧されるようになったイスラム教スンニ派の武装集団は、その後イラクの一部を攻め落とし、奴隷制を認め誘拐や爆弾テロを行う大規模組織ＩＳＩＬを設立、自ら国家と称するまでになった。フセイン政権による圧政《ティラニー》から過激派による無秩序《アナーキー》へと、前近代的に移行したわけである。

ゴアが大統領ならイラク侵攻はまず起こらなかっただろうから、泡沫候補ネーダーの存在は、その後の世界情勢に少なからぬ影響を与えたことになる。

ではネーダーは大統領選挙に安易に立候補すべきではなかったのだろうか。二大政党制のもとで「第三の候補」は立候補を慎むべきなのか。だが二大政党制とは、巨額の資金を必要とする二つの巨大な組織だけが選択肢を提供する政治形態である。選択の余地は狭い。閉塞感を抱える有権者に、新たな選択肢を与えて何が悪いのか。

悪いのは人間ではなく多数決のほうではないだろうか。それは人々の意思を集約する仕組みとして深刻な難点があるのではなかろうか。

では具体的に難点とは何か。それを知るためには概念を明確化して突き止める必要がある。それはまた難点の少ない、あるいは利点の多い代替案を探すうえで欠かせないことだ。

投票で「多数の人々の意思をひとつに集約する仕組み」のことを集約ルールという。多数決は沢山ある集約ルールのひとつに過ぎない。そして、投票のない民主主義はない以上、民主主義を実質化するためには、性能のよい集約ルールを用いる必要がある。

確かに多数決は単純で分かりやすく、私たちはそれに慣れきってしまっている。だがそのせいで人々の意見が適切に集約できないのなら本末転倒であろう。それは性能が悪いのだ。もし「一人一票でルールに従い決めたから民主的だ」とでもいうのなら、形式の抜け殻だけが残り、民主的という言葉の中身は消え失せてしまうだろう。投票には儀式性が伴えども、それは単なる儀式ではない。聞きたいのは神託ではなく人々の声なのだ。

さらにいえば、有権者の無力感は、多数決という「自分たちの意思を細かく表明できない・適切に反映してくれない」集約ルールに少なからず起因するのではないだろうか。であればそれは集約ルールの変更により改善できるはずだ。

多数決を含む集約ルールの研究は、フランス革命前のパリ王立科学アカデミーで本格的にはじめられた。主導したのは二人の才人、ボルダとコンドルセである。彼らの議論は二〇〇年以上前になされたものだが今なお斬新で、ことの本質を突いたものだ。本章ではボルダ、次章ではコンドルセの議論に関する事柄を主に扱っていく。

2　ボルダルール

ボルダによる幕開け

一七七〇年のフランスではルイ一五世が国王の座に就いている。まだ革命は起こっていないが、これは後に一九世紀前半の歴史家トクヴィルが「旧体制《アンシャン・レジーム》」と名付けた時代の末期にあたる。フランスの国家財政は悪化し、外交上の劣勢は著しく、絶対王政を支える組織と文化の基盤はほころび始めていた。ルイ一六世とマリー・アントワネットが婚礼の儀を執り行ったのはこの年だ。

その六月にパリ王立科学アカデミーで、ジャン＝シャルル・ド・ボルダが多数決についての研究報告を行った。ボルダは騎士《シュヴァリエ》の称号を持つ貴族で、数理に長けた海軍の科学者である。

ボルダが指摘したのは次のようなことだ。いま1人の有権者が投票用紙に1人の名前を書く、いわゆる普通の多数決を考えてみよう。有権者は21人、選挙の立候補者は「X、Y、Z」の3名だ。そして結果は「Xに8票、Yに7票、Zに6票」だったとする。多数決で勝つのは最多の8票を獲得したXだ。

図表1-1

	4人	4人	7人	6人
1位	X	X	Y	Z
2位	Y	Z	Z	Y
3位	Z	Y	X	X

この結果によれば、有権者のうち8人がXを、7人がYを、6人がZを1位と判断したわけだ。だがもし彼らが2位以下を図表1-1のように考えていたとしたら、勝者がXとなるのは果たして適切だろうか。

図表1-1の読み方だが、Xに投票した8人、つまりXを1位とする8人のうち4人がXYZ、残る4人がXZYと選択肢を順序付けている。また、Yを1位とする7人は皆YZX、Zを1位とする6人は皆ZYXである。

なるほど確かにXは最多の1位を集めている。だがここでXを「多数意見の尊重」と考えてよいものだろうか。というのは有権者21人のうち13人、約6割がXを最下位の3位にしているからだ。彼らの1位がYとZに割れたから、Xが多数決で最多票を得られただけではないか。

このことをボルダは「2人のアスリートが疲れきってしまった後で、第三の最も弱い者に負けてしまうようなものだ」と表現した。ボルダはこの「第三の最も弱い者」という感覚に、次のような定式化を与える。

ボルダはXが、YにもZにも、ペアごとの多数決で負けることに着目した。具体的には、XとYで多数決をすると、Xを計8人（XYZの4人とXZYの4人）が支持するが、他の13人（YZXの7人とZYXの6人）はYを支持する。つまりXはYに、8対13で負けるわけだ。同様に、XはZにも、8対13で負ける。

つまりXは、ペアごとの多数決で、YにもZにも負けてしまう。このように、ペアごとの多数決で、他のあらゆる選択肢に負けてしまう選択肢のことを、ペア敗者という。Xはペア敗者という「第三の最も弱い者」であるにもかかわらず、全体での多数決だと最多票を得て勝利してしまうのだ。

ペア敗者という定式化を得たのは分析を進めるうえで大きい。これによりペア敗者を選ばない、多数決とは異なる集約ルールを見付けようという方針が明確になるからだ。

ボルダが考えたのは次の集約ルールで、今ではボルダルールと呼ばれている。それは例えば選択肢が三つだとしたら、1位には3点、2位には2点、3位には1点というように加点をして、その総和（ボルダ得点）で全体の順序を決めるやり方である。

Xのボルダ得点を計算すると、（3点×8）＋（2点×0）＋（1点×13）＝37点となる。他の選択肢にも同様に計算すると、Yは45点、Zは44点である。つまりボルダルールによればYZXの順番で望ましいわけだ。ボルダルールが勝者として選ぶのは最上位のYで、ペア敗者のXは最下位になっている。

この例に限らず、有権者が何人でも、選択肢が何個でも、そして有権者の選択肢への順序付けがどのようであっても、ボルダルールはペア敗者を選ばない。つまり「いかなるときもペア敗者を選ばない」という規準、ペア敗者規準を満たすわけだ。その意味でボルダルールは集約ルールとして性能がよい。

なぜボルダ配点が優れているのか

ボルダルールは選択肢が三つのとき、1位に3点、2位に2点、3位に1点と配点する。ではこれ以外の配点の仕方、例えば1位に6点、2位に3点、3位に2点としたらどうなるのだろうか。このように順位に配点して得点の総和で選択肢を順序付ける方式のことを一般にスコアリングルールという。ボルダ自身は、論文では先にスコアリングルール一般を定義して、その特殊ケースとしてボルダルールを導入している。

配点の仕方は無数にある、つまりスコアリングルールは無数にあるわけだが、そのなかでボルダルールはどのような特徴を有しているのか。数あるスコアリングルールのなかで、ボルダルールでなければならない理由――つまり配点を上から3点、2点、1点のように等差に刻むべき理由――は何なのだろうか。

結論からいうと、ボルダルールでないどのスコアリングルールも、ペア敗者規準を満たすことはできない。一例として「1位に6点、2位に3点、3位に2点」とするスコアリングルールに対し、図表1-2のよ

図表 1-2

	6人	6人	5人	6人
1位	Z	Y	X	X
2位	Y	Z	Z	Y
3位	X	X	Y	Z

うにペア敗者を勝者として選んでしまう反例を与えよう。

このスコアリングルールについて各選択肢の得点を計算すると、Xは90点、Yは82点、Zは81点である。つまりXが最高得点を集めて勝者となるわけだが、この選択肢はペア敗者である（YにもZにも11対12で負ける）。つまりペア敗者規準を満たさない。

これに限らずボルダルールでないどのスコアリングルールへも、常にいまのような反例を作ることができる。つまりそれらはペア敗者規準を満たさないわけだが、これは数学的な証明がなされている。

よってボルダルールはペア敗者規準を満たす唯一のスコアリングルールというわけだ。これは強力な結果である。スコアリングルールを使うとして、どの配点の仕方がよいかを考えたとき、ペア敗者規準を満たすものはボルダルールしかない。

なぜ配点を固定するのか

スコアリングルールは「何位に何点」と配点が固定されている。これに対して、各有権者がそれぞれの選択肢に自由に点を割り当てられる持ち点方式にしたらいったいどうなるだろうか。

例えば1人の持ち点が10点あって、それを選択肢に自由に割り振れるとする。選択肢は「X、Y、Z」だとしよう。

なるほど好みの強度を自由に表明できるからこの方式はいい、と簡単に話を結論付けることはできない。例えばすべての選択肢に10/3点ずつ割り振ることを考えてみよう。すべて同程度に望ましいと思うからそうするわけだ。しかしこれだと点数を等しく与えるので、選挙結果への影響はゼロである。ではXに4点、YとZには3点ずつとしたらどうだろう。これも選挙結果への影響としては、Xに1点与えて他の選択肢に0点与えるのと同じことだ。点差こそが結果に影響するからだ。

この事実は見かけ以上に深刻である。例えば穏当な点差を付けXに4点、Yに3点、Zに3点とする、つまり(4、3、3)と点を割り当てる有権者は、(1、0、0)と点を割り当てるのと、結果に与えるインパクトは変わらない。これは実質的に、その人の持ち点が1点であるようなものだ。

よって、そのような有権者が10人いたとして、彼ら10人全員が与えるインパクトの合計(10、0、0)は、極端に(10、0、0)と点を割り当てる1人の有権者のインパクトと完全に等しくなってしまう。穏当な意思表明はあまりに微力なのだ。

そう考えると、ある有権者がXとYを同程度によいと思うときに、XとY両方に5点ずつ与えるのは得策ではない。彼はZには勝ってほしくないと思っている。このようなときには自分の持ち点10点をXとYに割るよりも、どちらか一方の勝ちそうなほうにすべて丸ごと(あるいはかなりの高得点)与えるほうが賢明であろう。多数決が票の割れに弱いというのは先に述べた通りだが、それは「複数の有権者のあいだでの票の割れ」であった。ここでは「1人の有権者のなかでの票の割れ」という新たな問題が生じている。

つまりこういうことだ。持ち点を自由に分散して割り当てるのが制度的に許容されているとしよう。だが分散させると不利になりやすい。それを気にかける有権者は、どれか一つの選択肢に集中して点――いっそすべての10点――を与えようとするだろう。であればそれは一人一票の多数決と実質的にきわめて近いものとなる。

もし多くの有権者がそうしなかったら、つまり選択肢間での点差があまり付かない穏当な配点をしたら、どうなるか。このときは少数の熱狂的な支持者がいる選択肢――強い宗教組織を支持基盤としたり、極右的な排外政策を声高に叫びあげる政党の候補者など――が有利になりやすい。そのような極端な候補者は、「皆のため」ではなく、「特定思想を熱心に支持する者のため」に行動しようとするだろう。本来的には民主制は、多数派のためではなく、万人のためのものである。だがこうしたケースでは、民主制は多数派のためどころか、少数の熱狂的なグループを優遇する仕組みに陥りかねない。

つまりこうした自由割り当てルールを用いれば、実質的に多数決と近いものになったり、少数の熱狂的な支持者がいる選択肢が勝ったり、といった事態が容易に起こりうるわけだ。こうした理由から、点数の割り当ては各有権者が自由に決めるのではなく、「1位は3点、2位は2点」のように、事前に固定しておくほうが望ましい。

3　実用例

中欧スロヴェニアでのボルダルール

ボルダルールが国政レベルで使われるのは稀だが、少数ながら例がある。まず中央ヨーロッパにあるスロヴェニア共和国では、少数民族であるハンガリー系とイタリア系代表の特別な国会議員を1人ずつ(計2名)選ぶときに、それぞれでボルダルールが使われている。

スロヴェニアには他に国会議員が88名いるので、少数民族の2名とは少ないように見えるかもしれない。だが少数民族の人口比は小さいので、比率として2名は多い。また、その少数民族たちは各自の代表についての選挙権だけでなく、88名のほうにも選挙権を持っている。いわば「1人2票」というわけだ。

スロヴェニアには多くの政党があり、一九九一年に国家として独立して以来、連立政権が組まれている。88名の選挙ではよく右派勢力と左派勢力が拮抗《きっこう》するのだが、少数民族系の2名は基本的に左派寄りなので、右派勢力が政権を組むのは、相対的に難しくなっている。一九九六年の選挙では右派勢力が45議席を獲得したが、それだけでは連立政権を作れず、最終的には左派勢力のヤネス・ドルノウシェク(スロヴェニア自由民主党)が、一部の右派勢力(スロヴェニア人民党)を引き入れて連立政権を形成した。

南国ナウルでのダウダールルール

本章の冒頭でも述べたように、赤道直下の太平洋に浮かぶ島国ナウルでは、ダウダールルールという「1位に1点、2位に1/2点、3位に1/3点」のように配点するスコアリングルールが使われている。そしてこれは各点を6倍した「1位に6点、2位に3点、3位に2点」とするスコアリングルールと実質的に同じである。点数が6倍になるだけだからだ。喩えるなら、両方式には所持金を「ユーロ換算で表すか、ドル換算で表すか」といった程度の表面的な違いしかない。

よって先ほど図表1-2で見た例、つまり「1位に6点、2位に3点、3位に2点」と配点するスコアリングルールがペア敗者を選ぶ例では、ダウダールルールも同じくペア敗者を選ぶ（Xは90/6点、Yは82/6点、Zは81/6点）。つまりダウダールルールはペア敗者規準を満たさない。これはダウダールルールが、ボルダルールと比べると1位に相対的に重いウェイトを与えており、多数決により近いことに起因する。

キリバス大統領候補選挙でのボルダルール

ハワイの南に位置する赤道直下の島々からなるキリバス共和国では、二〇〇二年まで大統領候補の選出にボルダルールを使っていた。まずはキリバス大統領選挙の仕組みをおおまかに記そう。

第一段階　国会で、国会議員が有権者として、国会議員のなかから3名か4名の大統領候補を選出する（この人数は憲法第三二条で規定）。ここでボルダルールが用いられる。

第二段階　一般の選挙で、一八歳以上の国民が有権者として、第一段階で選ばれた大統領候補のなかから、1名の大統領《ベレティテンティ》を選出する。ここでは通常の多数決が用いられる。

この仕組みは何となく良さそうに見える。第一段階でそれなりに適切な人物が候補になり、そのなかから国民が直接選挙で大統領を選ぶわけだ。日本だと国会で、国会議員だけで首相を決めるので、首相公選を支持する人には魅力的な仕組みに見えるかもしれない。

しかし実はこの仕組みにはかなり問題がある。まず分かりやすいのは第二段階だが、これは3人以上の候補者がいるときの多数決なので、票の割れ問題が発生してしまう。そして第一段階だが、この状況ではこれから説明する、ボルダルールの「クローン問題」が発生する。

クローン問題とは何か、一九九一年のキリバス大統領選挙を例に見ていこう。ただし、キリバス人の名前をカタカナ表記すると「ティーナキとテイワキの一騎打ち」のようになり非常に分かりづらい。そこでここでは便宜上、日本人の名前で代替してキリバスで起こったことを述べていこう。

キリバス国会には四つの党派がある。各派の領袖の名前を冠した、石田派、河井派、鈴木派、中野派である。第一段階で各派は国会に候補を2名ずつ擁立した。

ただし石田派が擁立したのは、本命の石田と、ダミー的な「石田クローン」である。石田クローンは立候補するものの、あくまで石田の部下であり、大統領になる気はないし、もちろん石田派もそいつを大統領に推すつもりはない。河井派も同様で、本命の河井と、ダミー的な「河井クローン」を擁立した。

そして石田派と河井派は結託して、それら4名が上位を独占するよう事前に調整した。互いに3位と4位を与えあったり、さらには上位を譲ったりして、細かな得点調整をしたのだ。

第一段階の結果は、上から石田が78点、河井が69点、石田クローンが68点、河井クローンが63点、あとは鈴木派と中野派の候補者たちが53点、32点、25点、22点であった。石田派と河井派の見事な結託といってよいであろう。第二段階で手強いライバルとなりうる鈴木や中野をここで蹴落としたのだ。なお、石田派と河井派の結託を知った鈴木派と中野派も結託したが、数が足りないうえ点の調整があまりうまく行かず、共倒れしている。

大統領候補となり第二段階に進むのは、石田、河井、石田クローン、河井クローンの4名である。しかし石田クローンと河井クローンは故郷に帰り、選挙活動は行わない。つまり事実上、石田と河井の一騎打ちである。二択になったので多数決を使っても票の割れが生じない、というのはせめてものこの事態のメリットだろうか。この選挙は真剣勝負で、石田が勝利を収めた。

このように、当選者が複数いる選挙でボルダルールを使うとき、組織力が高い集団は、クローン候補を擁立して上位を独占することができる。これを**クローン問題**という。クローン問題は当選者が1名のときには起こらないが、複数のときには注意が必要だ。仮に一つの党が1人の候補しか擁立できないようルールで制限しても、分党して複数の候補を擁立されては同じである。

一方、ナウルが中選挙区制選挙で用いているダウダールルールは、2位以下に付く点数が少ないゆえ、クローンを用いた上位の独占は困難である。ではダウダールルールはボルダルールより優れているのかといえば、先述のように、ペア敗者を選びうるというデメリットがある。クローン問題への強さとペア敗者規準を満たすことにトレードオフがあるわけだ。

結局キリバスは二〇〇二年にボルダルールをやめ、第一段階での大統領候補選挙を、多数決を二回行う方式に変更した。大統領候補4名（か3名）のうち、一回目の多数決でまず2名を選び、二回目の多数決で残り2名（か1名）を選ぶ方式である。だがこの方式変更はクローン問題の解消には必ずしもつながらない。一回目で石田と河井を勝たせ、二回目に石田クローンと河井クローンを勝たせ、という操作が依然可能だからだ。

また、第二段階の国民選挙は多数決のままである。二〇一二年のキリバス大統領選挙では第一段階で3人の候補者が選出された。そして第二段階での彼らの得票率は上から42％、35％、23％と票が割れていた。このときは第一段階でクローン問題が起こらなかったゆえ、違う党派から3人の候補者が出たが、それにより第二段階で激しく票が割れたわけである。

この第二段階はただ1人の勝者である大統領を選出するものなので、多数決ではなくボルダルールにするか、多数決でも決選投票（1位の得票が過半数に達しない場合は上位2名へ再投票）を付けるなどの工夫があればよかった。そうすると票の割れの影響が軽減され、ペア敗者規準が満たされるようになる。

4　是認投票

マルかバツかの投票

クローン問題が起こりうる他の集約ルールに是認投票がある。これはアメリカの集約ルール研究者スティーブン・ブラムスとピーター・フィッシュバーンによる一九八三年の著書『是認投票』により一躍有名になったもので、有権者がすべての候補者に好きなようにマルかバツを付けるものだ。例えば10人が立候補して4人が当選する選挙を考えよう。ここで有権者は10人すべての候補者に対しマルかバツを付け、開票してマルの数が多い上位4名の候補者が当選する。

日本で行われる最高裁判所裁判官国民審査は、是認投票に一見似ているが、まったく違う。日本のほうは一人ひとりの裁判官に信任か不信任かを決めるもので、これまで毎回、すべての裁判官が信任されているし、また原理的には全員が不信任されうる。いわばマルかバツかという二択の多数決を、個々の裁判官に対して行っているわけだ。一方、是認投票のほうはあくまでマルの数の上位者だけが当選する。

日本の地方議会選挙のように、多くの立候補者と多くの当選者がいる選挙だと、多数決のように有権者が一人の名前しか投票用紙に書けないというのは、表明できる意思の量があまりに少ない。一方で、是認投票だと、すべての立候補者へマルかバツの意思表明ができる。しかしこの利用には注意が必要である。

もしキリバスの第一段階選挙で是認投票を使っていたらどうなったかを想像してみよう。おそらく最大派の石田派は定員ギリギリ4人の候補者を擁立して、石田派の者はその4人にのみマルを、他の候補者にはバツを付けるはずだ。他の派も同様に振る舞えば、最大派である石田派の4人が同点で1位になる。つまり大統領候補を独占できるわけだ。つまり石田派は河井派と点を分け合うまでもなく、単独で上位を独占できる。河井派がそれに抗し他の派と連立を組むのに成功すれば、逆にそちらが上位を独占できる。

これは是認投票のもとでは、気に入らない候補者にはすべてバツを付けられるからである。

ところがボルダルールだとそこまで極端なことはできない。気に入らない候補者たちを下位に順序付けるとしても、そのなかでは段階的に点差が付くゆえ、「気に入らない候補者たちのなかでの上位」にはある程度の得点を与えることになる。

ただし、クローン問題を考えなくてよい場合や、その影響が軽微な場合には、是認投票は優れた決め方である。例えば上位機関が候補者をすべて選んで、それら候補者に対して有権者が是認投票をする場合には、クローンは出しようがない。集約ルールの研究者たちが集う国際学会である「社会的選択・厚生学会」(Society for Social Choice and Welfare)では、会長を含むエグゼクティブ・メンバーたちが理事の候補者をすべて選び、会員がそのなかから是認投票で理事を選出している。

社会的選択・厚生学会の本部はフランス・カーン大学にあり、パリ王立科学アカデミーからの伝統か、この分野はいまもフランス人による活躍が目覚ましい。学会創立者はカーン大学のモーリス・サール教授である。

二〇〇六年に学会の世界大会がトルコのイスタンブールで開かれたとき、サール教授は夕暮れのボスフォラス海峡を臨むディナーの席で、会員有志から栄誉を称えられてサプライズの贈り物を受け取った。サール教授が簡素な包装紙を開くと、中には一七八五年に出版されたコンドルセの大著『多数決による決定の蓋然性への解析の応用』の初版本が入っていた。

筆者はサプライズで何か贈るとだけ聞き有志に参加していたが、予想を遥かに超えていた。それ以上サール教授に相応しい贈り物があるとは思えないが、古書市場に普通に流通しているものではなく、値段は想像も及ばない。彼もさすがに驚きを隠せない様子で、会場の皆も息を呑んでいた。

フランス革命が起こる四年前に出版された一冊の大著。それは集約ルールへの本格的な数理分析を展開し、社会を対象とする新たな科学のあり方を指し示すものであった。コンドルセはボルダルールを拒否して独自の集約ルール構築に挑む。

第2章　代替案を絞り込む

1　コンドルセの挑戦

革命の果てに

およそ四三キロメートルにおよぶコンクリートの塀が、二八年間にわたり一つの地域を東西に区切っていた。第二次世界大戦後に分断されたドイツ・ベルリン市の東と西とを隔てる高い塀、東西冷戦の視覚的な象徴、ベルリンの壁である。ソヴィエト連邦の支援を受け東ドイツが建造したこの壁は、一九八九年にいくつかの政治的偶然を経て、抑圧的体制の打破を目指す東ドイツ市民により倒壊された。

日本では昭和天皇が崩御し元号が平成に変わり、景気がバブルの頂点を迎え年末の日経平均株価が三万八九一五円のハイスコアを記録したこの年には、民主化をめぐる大規模な事件が世界各地で起こった。

ポーランドでは戦後初の自由選挙が行われて民主化勢力の連帯《ソリダルノシチ》が圧勝した。チェコスロヴァキアでは一〇〇万人規模の民主化デモが続いて無血のビロード革命が起こった。ルーマニアでは国軍が民主化勢力を支援してチャウシェスク政権を倒し、独裁者の大統領夫妻を即席軍事裁判でクリスマスに処刑した。一連の東欧革命である。一方、中国の天安門広場では、政府が一般市民による民主化デモを戦車と無差別銃撃で鎮圧した。天安門事件である。これらはすべて一年のあいだに起こったことだ。

一九八九年はフランス革命の二百周年でもあった。革命勃発のバスティーユ襲撃があった七月一四日から三日間パリ近郊でアルシュ・サミットが開かれ、フランス政府は革命の大々的な記念行事を開催した。

とはいえこの革命は、二百周年の節目を高らかに祝いきってしまえるほど光に満ち溢れたものではない。記念行事は正式には「フランス革命および人と市民の諸権利の宣言二百周年」について開催されたものであった。この句のなかで「フランス革命」と併置し記された「人と市民の諸権利の宣言」とは、バスティーユ襲撃後に憲法制定国民議会で採択された、いわゆるフランス人権宣言のことである。

革命はそれ全体を祝福するにはあまりに凄惨なものを含み過ぎていた。その併置的記述には、革命の光といえるフランス人権宣言にスポットライトを当てる、あるいはそれをスポットライトとして働かせることで、闇の部分をひとまずは覆い隠し祝祭を成立せしめようとする意図がある。

凄惨なもの、闇の部分とは、革命の途中を支配した恐怖政治のことを主に指す。首を刎ね飛ばすギロチンに象徴される、マクシミリアン・ロベスピエールを中心とする独裁勢力による粛清の嵐。恐怖政治《テルール》はいまでいうテロの語源にもなった。政敵はことごとく反革命容疑者として、まともな裁判もないまま処刑された。そのように殺された者はおよそ三万五千人から四万人に達する。

そのなかのひとりにコンドルセがいた。彼は国民公会の副議長を務め、憲法制定のための九人委員会の長にあり憲法草案を発表したが、ロベスピエールらと対立して欠席裁判で死刑を宣告されたのだ。彼は逃亡生活のさなかに遺著『人間精神進歩の歴史素描』を書きあげ、やがて捕縛され命を落とした。

しかし革命の暗闇とて、コンドルセが放った光の先までをも捕らえることはできなかった。没後の長い空白期間を経て、二〇世紀後半に彼の集約ルール研究は、本格的に理解されることになる。

ボルダルールへの批判

コンドルセは「最後の啓蒙主義的知識人《フィローソーフ》」と呼ばれる、革命前後のフランスを代表するアカデミシャンである。貴族の生まれだが、若いときには家族の反対を押し切って、数学者になるため文なしでパリに出てきた。なお、啓蒙とは蒙《くら》きを啓《ひら》くという意味で、もとのフランス語だと光《リュミエール》である。迷信と偏見を理性により打ち破ろうとする姿勢のあり方だといってもよい。

コンドルセ(1743-1794)
提供：アフロ

コンドルセは『百科全書』を編纂していたダランベールの庇護のもと数学者として頭角を現し、一七六九年にパリ王立科学アカデミーへの入会を認められる。一七七六年には終身書記の地位を得るが、この職は科学のスポークスマンの役割を果たすものであった。

コンドルセはアカデミー機関誌の編集に携わるが、当時、未掲載だったボルダの一七七〇年の講演論文を、一七八一年の機関誌に収録することに決めた(一七八四年に出版)。コンドルセはその機関誌にボルダ論文の解説を寄稿して、ボルダによる研究を類のないものだと高く評価する。

しかしコンドルセは自身の集約ルール研究においてボルダとかなり異なる立場を取った。前章のおわりで述べたように、彼は一七八五年に投票の数理分析についての大著『多数決による決定の蓋然性への解析の応用』を公刊した。

そのなかでコンドルセはボルダルールのみならず、スコアリングルールすべてを批判した。その批判の根拠は図表2-1のような例に基づいている。

図表2-1

	3人	2人	2人	2人
1位	X	Z	Y	Y
2位	Y	X	X	Z
3位	Z	Y	Z	X

図表2-1の例におけるボルダ得点(各有権者が1位に3点、2位に2点、3位に1点)を計算すると、Xが19点、Yが20点、Zが15点である。つまりボルダルールは最高得点のYを選ぶ。そして実は、この例ではボルダルールに限らずすべてのスコアリングルールがYを選ぶ。例えば1位に6点、2位に3点、3位に2点を付けるスコアリングルール(ダウダールルールと実質的に同

じもの)を考えると、Xに34点、Yに37点、Zに28点となり、やはりYが最高得点で選ばれる。だがコンドルセはここでXが選ばれるべきだと論じた。なぜならここでペアごとに多数決を取ると、Xは、YにもZにも勝つからだ(この場合、YにもZにも5対4で勝つ)。

このように、他のどの選択肢に対してもペアごとの多数決で勝つ選択肢をペア勝者という。ペアごとの多数決において、他のどの選択肢に対しても、多数派の支持を得られる選択肢。これ以上に「多数側の意思」を反映した選択肢はない、というのがコンドルセの見解である。だが、ここではどのスコアリングルールもペア勝者のXではなくYを選んでしまう。いわばペア勝者規準を満たさないわけだ。

コンドルセは「ボルダルールは通常の多数決より優れていないというより、むしろ劣っている」「他のスコアリングルールへと修正してさえも誤った結果を導く」などと、強い批判を展開した。ただし通常の多数決より劣っているというのはさすがに言い過ぎで、コンドルセもそこまでの論拠は与えていない。

やや余談だが、コンドルセのこうした記述はボルダに対していささか感じが悪い。そして現代の集約ルール研究者のうち、ボルダやコンドルセなどの古典的研究に関心を持つ者は、この

ボルダ通りとコンドルセ通りのプレート

コンドルセの「ボルダへの感じ悪さ」の理由を推測するのが割と好きである。

推測の例には「研究者としての対抗心によるのでは」「ボルダを研究者として軽んじていたからでは」「アカデミー内での派閥対立によるのでは」「単なる若気の至りだろう」などがあり、どれもそれなりに史実の支えを伴う。

筆者が一番気に入っているのは、ボルダルールを幾何学的に数理分析する研究者ドナルド・G・サーリによる邪推で、「コンドルセは一七六九年に多数決でアカデミー会員に選ばれた。ボルダは翌一七七〇年にアカデミーで多数決の欠陥について研究報告した。コンドルセはそれを自分への非難のように受け取った」である。いささか話を作りすぎだとは思うが、時系列としてはその通りであり、なかなか一笑に付せない。

しかしコンドルセがボルダを感情的にどのように思っていたにせよ、それとは別に、彼がボルダルールを理論的に許容できないと考えていたのは確実である。多数側の判断を尊重すること、それを体現するペア勝者規準を集約ルールが満たすことは、コンドルセの目指すものにとって本質的なことであった。彼が何を目指していたかは第3章で詳しく扱う。

ちなみに、このように立場を異にする両人だが、パリの北側にはそれぞれの名前を戴く「ボルダ通り」と「コンドルセ通り」とがある。両人ともフランスでは歴史上の偉人として評価されていることの、ひとつの証左である。

2　データの統計的処理

確定不能を解消する

ボルダルールを含むスコアリングルールすべてを否定したコンドルセだが、ボルダと次の見解においては一致している。それは多数決を使うと票の割れが起きてしまい、多数側の判断を尊重できなくなるという点だ。

ここで注意が必要なのだが、ボルダもコンドルセも、多数決がダメだというのは選択肢が三つ以上のときである。しかし選択肢が二つなら票は割れようがない、このときは多数決で構わないわけだ。そこでコンドルセは選択肢が三つ以上あっても、二つずつ取り出してペアごとに多数決をして、その結果により全体の順序を決めようと試みた。

コンドルセの発想は非常に統計学的である。まず選択肢が三つ以上あり、ここでの目的はそれら全体に順序を付けることだ。そこで選択肢を二つずつ取り出して、ペアごとに多数決をして勝敗の「データ」を集める。それらデータを吟味して、データを生み出した背後の真実、正しい順序を推測する。

例えば選択肢が「X、Y、Z」の三つだとしよう。するとXとY、YとZ、ZとXで、それぞれペアごとで多数決すると勝敗のデータが三つ手に入る。そしてそれらデータを使って、「X、Y、Z」全体への正しい順序が何であるかを推測するわけだ。その具体的な手続きを13人の有権者がいる図表2-2の例で見ていこう。

図表2-2

	6人	5人	2人
1位	X	Y	Z
2位	Y	Z	X
3位	Z	X	Y

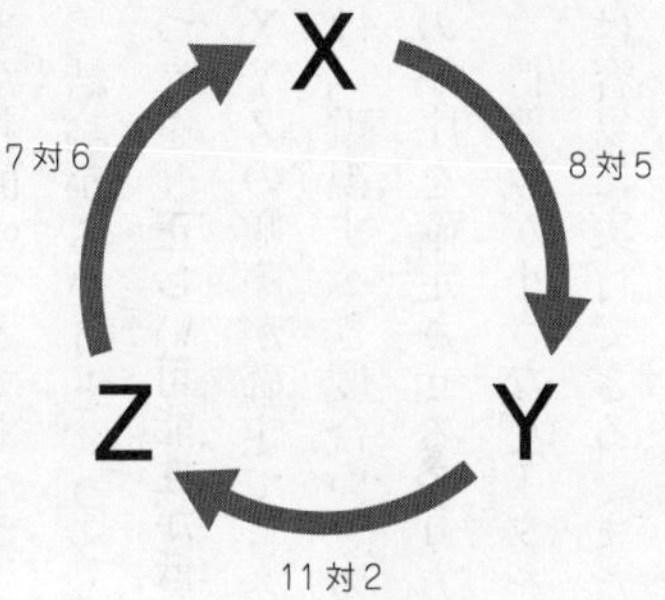

サイクル（循環）

まず選択肢「X、Y、Z」の、それぞれ二つずつを多数決で比較すると結果は次のようになる。

・XがYに、8対5で勝つ
・YがZに、11対2で勝つ
・ZがXに、7対6で勝つ

これが「データ」である。一例としてXとYの多数決の詳細を述べると、XYZの6人とZXYの2人の計8人がXを支持し、残るYZXの5人がYを支持し、よってXがYに8対5で勝つ。

このデータはすぐさま問題に直面する。XがYに勝ち、YがZに勝ち、ZがXに勝つという、サイクル（循環）が発生しているからだ。これだと全体への順序が堂々巡りになってしまい確定できない。これをコンドルセのパラドックス（逆理）という。

ここではペア勝者とペア敗者はどちらも存在しない。存在してくれるなら、ペア勝者を1位としたりペア敗者を3位としたりなどと判断しやすいのだが、なかなかそうはいかない。コンドルセのパラドックスはそれなりに有名で、政治学や経済学の教科書でもよく扱われている。しかしそれらでは「このような予想外のパラドックスが発生する、多数決ではうまくいかない」だけで話が終わるのが通常である。

だがコンドルセにとってこのようなサイクルが発生するのはパラドックスでも何でもなく、当たり前のことであった。彼はどうやってこのサイクルを崩せばよいかを考察する。

結論からいうと、コンドルセはデータのうち最も得票差が少ない「ZがXに、7対6で勝つ」を、**正しい可能性が低い**という理由で棄却する。そうするとサイクルが解消され、上からXYZの順序が確定できる。「正しい可能性」の意味は第3章で詳しく触れるとして、ここでは「重視すべき度合い」のように捉えておけば十分である。こうしてサイクルを解消して全体の順序を確定させるやり方を、**コンドルセの方法**という。

得票差が小さなデータを消去してサイクルを崩していくこの方法は、選択肢が三つのときには容易に実行できる。また、そのようなデータの消し方は多数意見を尊重する姿勢と整合的である。

ところがこの方法は選択肢が四つ以上存在するときにはうまく機能しない。いま見たように、選択肢が三つならサイクルが発生しても消すデータは一つで済む。だが選択肢が四つになるとサイクルを解消するために、データを一つ消すだけでは済まず、二つ消す必要がある状況が起こる。そのとき二つ消すと確かにサイクルは解消されるのだが、データが減りすぎて、残るデータだけだと四つの選択肢に順序を決められない、ということがあるのだ。そのような集約ルールは集団で物事を決める手段として非常に使いにくい。

ひたすら理詰めで考えるコンドルセにしては、彼らしからぬ失敗なのであろうか。コンドルセ自身、選択肢が四つ以上のときにどうするか説明してはいるのだが、文章が短いうえに具体例もなく、非常に分かりにくい。そこには言いたいことが適切に表現できないようなもどかしさが表れている。だが書かれたままの文章で意味を取ると、いま述べたような決定不能問題に直面してしまうのだ。コンドルセの真意が「発見」されたのは、彼の没後、約二〇〇年を経てからである。

もっともっともらしい手法

コンドルセの集約ルール研究は、彼が一七九四年に命を落として以降、ほとんど注目を集めなくなった。一九世紀に生まれた後続研究はごくわずかしかない。その状況が一変したのは一九五八年にスコットランド・グラスゴー大学の経済学者ダンカン・ブラックが、著書『委員会と選挙の理論』のなかで「コンドルセ再発見」をしたのがきっかけである。それによりコンドルセは二〇世紀もなかばになり再び脚光を浴びるようになった。

しかしこのブラックも、コンドルセによる選択肢が四つ以上のときのサイクルの崩し方については理解できなかった。彼は同書でコンドルセの後続研究を詳しく調査しているが、誰かがそれを理解した形跡も見付けられなかった。コンドルセがここで言わんとすることを理解するのは絶望的だ、というのがブラックの見解である。

ところがそうでもない。確かにコンドルセの文章はうまく書けていないが、これが実はある統計的手法を意味している、と気付いたのがペイトン・ヤングである。

ペイトン・ヤングは、社会事象への広い関心と高度な数理分析能力を併せ持つ、当代第一級の経済学者である。彼は一九七〇年にミシガン大学で数学の博士号を得たが、公平な分配規則、生物の協調行動、社会規範の生成などについて先駆的な貢献を行ってきた。現在はオックスフォード大学で冠教授を務めている。

多彩かつ多量なヤングの業績のなかでも、彼が一九八八年のアメリカン・ポリティカル・サイエンス・レビュー誌に発表した論文「コンドルセの投票理論」はひときわ異彩を放つものだ。彼のように高度な数学使いが古典文献を読み込み新たな解釈を示すことはきわめて稀だからだ。ヤングはその論文で「選択肢が四つ以上のときにコンドルセが言いたかったであろうこと」を見事に説明した。

ヤングの結論は、コンドルセは最尤法《さいゆうほう》という統計的手法を用いてデータから選択肢全体への順序を導こうとしている、というものであった。コンドルセの文意を汲んだうえで文章をわずかに修正すれば、その曖昧に見えた文章が、実は最尤法を意図すると分かるのだ。

最尤法の語は「最《もっと》も尤《もっと》もらしい手法」を意味する。その考え方は「手元にデータが揃った。このデータを生み出す可能性が一番高い、背後の真実は何か」といったものだ。最尤法はコンドルセよりずっと後の時代、一九一〇年代にロナルド・フィッシャーという統計学者が考案したものである(本格的な確立は一九二二年)。コンドルセは一七八五年の段階で最尤法を、定式化とまではいかないものの、実質的に着想していたというわけだ。

最尤法による順序の決め方は次のようなものだ。まず選択肢のなかから二つずつペアごとの多数決をして、データを集める。そのデータにサイクルがない場合、つまりデータが互いに整合的な場合は、そのデータから選択肢への順序を確定できる。

問題はサイクルがある場合だ。このときデータは互いに不整合である。その不整合性は、データ間のズレ、誤差として考える。何への誤差かというと、選択肢への「真の順序」との誤差である。もちろん人間には何が真の順序かは分からない。それは神のみぞ知るものだ。だが不整合ではあるものの、データは手元に揃っている。それは真実そのものではないが、真実を反映するはずだ。であれば人知の及ぶ限りにおいて、このデータから逆算して、統計的に見てデータとのズレが一番少ない、一番真実である可能性が高い順序を求めよう。

このやり方が**コンドルセ・ヤングの最尤法**である。どうしてこれがコンドルセの意図に沿うのか、ヤングはコンドルセを丁寧に読解して、文意のなかに最尤法を見出していった。実際、コンドルセの文章をわずかに補正すると、それは最尤法の解説として読めるのだ。コンドルセは集約ルールがペア勝者規準を満たすことを重視していたが、こうして得られたコンドルセ・

ヤングの最尤法は、ペア勝者規準をきちんと満たす。コンドルセは、ボルダルールを含むスコアリングルールがいずれもペア勝者規準を満たさないと一七八五年の著書で批判したのであった。そこで与えられた代替案は不明確なものだったが、およそ二〇〇年後にヤングの強力な補助を得て、その姿が完全に明確化されたわけだ。ひらめきに言葉がようやく追いついたといえよう。

3　さまざまな集約ルール

あるのは民意か集約ルールか

これまで多数決、ボルダルール(を含むスコアリングルール)、ヤング・コンドルセの最尤法について述べてきた。どの集約ルールを使うかで結果は大きく変わりうるというのは、これまでの議論から、すでに私たちの知るところだ。

ここではその極端な例として図表2-3に表される、五つの集約ルールがすべて異なる結果

図表 2-3

	18人	12人	10人	9人	4人	2人
1位	X	Y	Z	W	V	V
2位	W	V	Y	Z	Y	Z
3位	V	W	V	V	W	W
4位	Z	Z	W	Y	Z	Y
5位	Y	X	X	X	X	X

を選び取るマルケヴィッチの反例を挙げよう。有権者は55人、選択肢は五つである。計算は端折って各集約ルールの結果を見ていこう。

①多数決（Xの勝利）　通常の多数決だと、Xが最多の18票を得る。

②ボルダルール（Wの勝利）　ボルダルールだと、Wが最多の191点を得る。

③コンドルセ・ヤングの最尤法（Vの勝利）　コンドルセ・ヤングの最尤法はペア勝者であるVを選ぶ。

④決選投票付き多数決（Yの勝利）　これは通常の多数決に、決選投票を付けたものだ。自民党や民主党の党首選挙で用いられている。一回目の多数決で1位が過半数の票を取らない場合は、二回目の多数決（決選投票）で1位と2位を一騎打ち

させて勝者を決める。

ここだと一回目の多数決で1位のXが18票を得るが過半数に足りない。2位は12票のYである。そこでXとYで決選投票を行うと、YがXに37対18で勝つ。

⑤繰り返し最下位消去ルール（Zの勝利）　これは多数決を、最下位を消去しながら、繰り返し行うやり方である。国際オリンピック委員会が、候補地や競技種目の選定でよく使っている。

ここだと一回目の多数決で、6票しか取れない最下位のVがまず消去される。そしてV以外の選択肢のなかで二回目の多数決を行うと9票しか取れない最下位のWが次に消去される。同様に、三回目では16票しか取れないYが消去され、四回目では18票しか取れないXが消去され、最終的にZが残る。

どの集約ルールを使うかで結果がすべて変わるわけだ。「民意」という言葉はよく使われるが、この反例を見るとそんなものが本当にあるのか疑わしく思えてくる。結局のところ存在するのは民意というより集約ルールが与えた結果にほかならない。選挙で勝った政治家のなかには、自分を「民意」の反映と位置付け自分の政策がすべて信任されたように振る舞う者もいる。だが選挙結果はあくまで選挙結果であり、必ずしも民意と呼ぶに相応しい何かであるというわけではない。そして選挙結果はどの集約ルールを使うかで大きく変わりうる。

言ってしまえば、私たちにできるのは民意を明らかにすることではなく、適切な集約ルールを選んで使うことだけなのだ。ではその適切さはどう測るか。

具体的には、説得性の高い規準を設けて、それを満たす・満たさないで集約ルールをテストするということになる。むろんどの規準を優先するかで人々に意見の食い違いは起こりうる。だが集約ルールの表面を眺めて印象を語るより、集約ルールが満たす規準について考察するほうが論点ははるかに明確になるし、恣意的な判断を避けやすくなる。家屋を建てるときにいくつか工法があるとして、工法の印象ではなくて、どの工法なら何ができて何ができないか規準を設けて判断したほうがよい、というのと同じことだ。

例えば耐震性を優先すべき状況ではそれに強い(厳しい耐震基準を満たす)工法を選ぶように、票の割れを懸念すべき状況ではそれに強い(ペア敗者規準を満たす)集約ルールを選ぶというわけだ。

選択肢が三つ以上あるときには、票の割れは常に懸念すべき事柄である。二〇〇〇年のアメリカ大統領選挙のように、きわめて有力な二人の候補がいるときにでも、「第三の選択肢」の出現は票の割れを引き起こし、結果をがらりと変えうる。多数決が多数意見を反映しなくなるわけだ。

ペア規準を問い直す

ペア敗者規準やペア勝者規準は、票の割れに対する頑健性の規準である。それではペア敗者規準は満たすのが難しい条件なのだろうか。

これまで扱った集約ルールはおおまかにいって二種類、多数型ルールとスコアリングルールに分類できる。前者のなかには多数決、決選投票付き多数決、繰り返し最下位消去ルール、コンドルセ・ヤングの最尤法、そして後者のなかにはボルダルールやダウダールルールなどがある。これらのなかでペア敗者規準を満たすのは、決選投票付き多数決、繰り返し最下位消去ルール、コンドルセ・ヤングの最尤法、ボルダルールである。こう見ると、ペア敗者規準は、それなりに満たしやすい。

一方でペア勝者規準は、コンドルセ・ヤングの最尤法しか満たさない。そしてこの方法はペア敗者規準も満たす。では、コンドルセ・ヤングの最尤法がベストな集約ルールだと結論付けてよいのだろうか。

そもそもこれら両規準は、選択肢を、全体のなかでの位置ではなく、二つずつバラバラに取り出し、ペアごとに多数決するのを評価のベースとしている。そしてスコアリングルールの「何位に何点」と加点していくやり方は、そもそも選択肢の全体における位置を重視するという方針に基づいている。そのような方針で作られた集約ルールに、全体における位置ではなく、ペアごとの比較に基づくペア敗者規準やペア勝者規準を満たせというのは、本来的に酷な要求であろう。

例えば「1位に3点、2位に2点、3位に1.5点、それ以下は0点」とするスコアリングルールを考えてみよう。これは、日本の書店員有志が選出する「本屋大賞」で、ノミネートされた書籍10冊に対し、書店員が投票するときに使われている二次投票でのルールだ。ここではそれを**本屋大賞ルール**と呼ぼう。

本屋大賞ルールの配点の意図は明瞭である。まず1人が1位に推すのも、2人が3位に推すのも同価値とみなす。つまり前者は3点、後者は1.5点＋1.5点の計3点と等しい扱いである。また、2人が1位に推すのも、3人が2位に推すのも同価値とみなす。つまり前者は2人が3点の計6点、後者は3人が2点の計6点、と等しい扱いである。

だが本屋大賞ルールはペア勝者規準を満たさない。これは当然のことで、コンドルセが示したように、どのスコアリングルールもペア勝者規準を満たさないからだ。だがここで、それゆえ本屋大賞ルールはダメだというのは乱暴であろう。本屋大賞ルールの配点には、各順位をどう評価するかの明確な判断が含まれており、それはペアごとの比較のみに基づくペア勝者規準とは本来的に異質なものだからだ。

ペア勝者規準はそれなりに高い説得性を持つが、それだけでスコアリングルールをばっさり棄却するのは性急に過ぎる。そこでペア勝者規準の緩和を考えてみよう。

そもそもペア勝者規準とペア敗者規準の字面は似ているが、よく考えると、これらは要求の仕方が異なっている。というのは、ペア勝者規準は「ペア勝者が1位になる」ことを求める一方で、ペア敗者規準は「ペア敗者が2位から最下位のどれかになる」と求めるに過ぎないからだ。つまり要求の仕方として、ペア勝者規準は厳しい。

そこでペア勝者規準は「ペア勝者が1位になる」だが、それをペア勝者弱規準として「ペア勝者が最下位にはならない」へと弱めてみよう。つまり「ペア敗者が最上位にはならない」というペア敗者規準と対称的な定義にしてみたわけだ。

ずいぶん弱くなったように見えるかもしれないが、そうでもない。実際、決選投票付き多数決も繰り返し最下位消去ルールも、ペア勝者弱規準を満たせない。先ほどのマルケヴィッチの反例では、両ルールともペア勝者のVを最下位としてしまう(第一段階の多数決でVが最下位となるゆえ)。これら両ルールはいずれも多数決を改良したものだが、その程度の改良ではペア勝者弱規準を満たせない。

ところがボルダルールはペア勝者弱規準を満たす。つまりボルダルールはスコアリングルールの一種でありながらも、ペア敗者規準に加え、ペア勝者弱規準まで満たすわけだ。

こうして議論を整理すると、ボルダルールとコンドルセ・ヤングの最尤法がきわめて有力だということが分かる。ボルダとコンドルセの学問的対立は二〇〇年以上前のことだが、爾来、どちらの考え方を是とするかは「ボルダ・オア・コンドルセ」として集約ルール研究の問いの中心にあり続けた。だがそれは問いというよりほとんど答えのようなもので、ボルダかコンドルセしかないといえよう。

それでも一方を選ばねばならないとすればどちらを選ぶか。有権者に理解してもらいやすいのはボルダルールであろう。コンドルセ・ヤングの最尤法は仕組みが込み入っているからだ。また、数理統計学の手法である最尤法に納得感を持ってくれる有権者は、おそらく多くないだろう。だが「理解してもらいやすい」や「納得感を持ってくれる」は受け入れてもらううえで大切だが、集約ルールの性能を測る規準そのものではない。より両者の性能を判別する他の規準はないだろうか。

棄権のパラドックス

ペア勝者（弱）規準やペア敗者規準以外にも、集約ルールの性能をチェックする重要な規準はいくつかある。ここではなかでも特に興味深い、「棄権で得をしない」という規準を考えていこう。これは具体例を見ていくのが手っ取り早い。

選択肢「X、Y、Z」に対し、最初にXとYを多数決させて、次にその勝者とZを多数決させて最終的な勝者を決める集約ルール、チャレンジ型多数決を考えてみよう。いわばXがYに

図表 2-4

	2人	2人	1人	2人
1位	Z	X	Z	Y
2位	Y	Y	X	Z
3位	X	Z	Y	X

図表 2-5

	1人	2人	1人	2人
1位	Z	X	Z	Y
2位	Y	Y	X	Z
3位	X	Z	Y	X

チャレンジして、その勝者がZにチャレンジ、という方式である。ただし多数決で同票数のときにはチャレンジャー側を勝者とする。

いま図表2-4のような、有権者が7人の状況を考えてみよう（ムーランの反例）。すると最初の「X対Y」では3対4でYが勝ち、次の「Y対Z」でも4対3でYが勝つ。ここでYはペア勝者になっているというのがポイントだ。つまりYはペアごとの多数決だと無敵なので、相手がチャレンジして来るXだろうが、チャレンジしに行くZだろうが、必ず勝つ。こうした理由により、チャレンジ型多数決はペア勝者規準を満たすことが分かる。

だがここでZYXと順序付ける2人のうち、1人があえて棄権したらどうなるだろうか（図表2-5）。この棄権者はZをYより高く順序付けるという点に着目しよう。

さて、図表2-5の状況でのチャレンジ型多数決だと、最初の「X対Y」ではXが3対3で勝ち（同票数のときはチャレンジ側が勝利の取り決めにより）、次の「X対Z」ではZが4対2で勝ち、Zが勝者となる。棄権した者は、それにより結果を自分に都合よく操作できた（YからZへと変えた）。これを棄権のパラドックスという。言い換えると、チャレンジ型多数決は棄権防止性を満たさない。

いまの反例だと、賛否同数のときにチャレンジャー側を有利にしたのが結果に影響している。だがこれは、あくまで説明を平易にするためそう置いたものであって、そうしなくてもやはりチャレンジ型多数決だと、棄権のパラドックスが起きうることが知られている。

さてチャレンジ型多数決はペア勝者規準を満たすのであった。だが棄権防止性は満たさない。そこで問おう。いったいペア勝者規準を満たす集約ルールのなかに、棄権防止性を満たすものは存在するのか。

答えはノーである。もう少し正確にいうと、選択肢が四つ以上あるときには、そのような集約ルールは存在しない。ということは、既述のようにコンドルセ・ヤングの最尤法はペア勝者規準を満たすので、棄権防止性を満たさないということになる。

一方で、ボルダルールをはじめとするあらゆるスコアリングルールは棄権防止性を満たす。

これは当たり前といえば当たり前のことで、スコアリングルールは足し算という単純な作業で定義されているゆえ、有権者は棄権すると与えたい点を与えられなくなるからだ。よって棄権防止性の観点からは、「ボルダ・オア・コンドルセ」という問いへの答えは、ボルダだということになる。どの集約ルールがどの規準を満たすかを図表2-6にまとめておこう。

この図表には新たに中立性という規準も加えてある。これは特定の選択肢をあらかじめ有利にしないという規準だ。チャレンジ型多数決は「チャレンジを後で受ける側」があらかじめ有利なのでそれを満たさない。他の集約ルールはそのような「えこひいき」をしないので、いずれも中立的である。

ペア敗者規準	棄権防止性	中立性
×	○	○
○	○	○
×	○	○
×	○	○
○	×	○
○	×	○
○	×	○
○	×	×

総合的な評価としてボルダルールはよい

本章の議論を締めくくろう。一つの選択肢を

図表2-6

	ペア勝者規準	ペア勝者弱規準
多数決	×	×
ボルダルール	×	○
スコアリングルール*	×	×
自由割り当てルール	×	×
コンドルセ・ヤングの最尤法	○	○
決選投票付き多数決	×	×
繰り返し最下位消去ルール	×	×
チャレンジ型多数決	○	○

（*ボルダルールを除く）

決める投票では、ボルダルールとコンドルセ・ヤングの最尤法が、非常にうまくできた集約ルールである。どちらか一方を選ぶならば、筆者はボルダルールを勧める（ただし第4章で考察する単峰性という条件が成り立つケースでは、答えはまた変わってくる）。

これはボルダルールが①スコアリングルールであるにもかかわらず、ペア敗者規準とペア勝者弱規準を満たし、②さらには棄権防止性をも満たす、という理由による。

特に①は重要である。というのは、集約ルールの選択自体がひとつの大きな政治的課題だからだ。集約ルールに対する考え方には、「全体での順位を重視せよ派」と「ペア比較を重視せよ派」とがある。そして①の理由はボルダルールに、これら両派が折り合える妥当な妥協点としての解釈を与えてくれる。

そしてまた先述のように、やはりコンドルセ・ヤングの最尤法は統計学的に定義されるゆえ有権者には理解が難しく、広く受け入れられるとは想像しがたい。であればボルダルールのほうが世に導入しやすいだろう。

実際、スロヴェニアのように国政選挙でボルダルールを使っている国もあるし、ポイントで決めるというやり方は非常に分かりやすい。また、FIFAワールドカップサッカーの予選トーナメントは4チームを総当たり戦にして「勝利は3点、引き分けは1点、負けは0点」と加点するが、これもスコアリングルールの一種である。少なくとも世界中のサッカーファンはボルダルールを容易に理解できるはずだ。

一つの選択肢を決める投票の例には、小選挙区制のもとでの国会議員選挙や、自治体の長の選挙などがある。それらにおいてはボルダルールを使うのがよい。これは国会で公職選挙法を改正すれば可能である。

第3章　正しい判断は可能か

1　真実の判定

陪審定理

法廷で1人の被告が罪を疑われている。有罪か無罪かを決めるのは陪審員たちの多数決だ。しかしどの陪審員も罪の有無を100％の確率で判断することはできない。間違える可能性があるわけだ。間違えるとは何か。有罪が真実のときに無罪と判断してしまうこと、無罪が真実のときに有罪と判断してしまうことだ。

真実は神のみぞ知る。人間の理性による判断はそれに及ばない。しかし罪の有無を、表と裏が半々の確率で出るコイントスで決めることと比べれば、人間の理性による判断のほうが優れているのではないか。つまり人間の理性による判断が正しい確率をvで表すと、その値は1よりは低いが、0.5よりは高い。

1人の陪審員が正しい判断ができる確率、すなわち「有罪が真実のときに有罪と判断でき、無罪が真実のときに無罪と判断できる確率」がvである。逆に、間違える確率は1－vだ。ところでvはvérité《ヴェリテ》（真実）の頭文字で、この記法はコンドルセに従っている。通常なら確率を表記するときにはvでなく、probabilité《プロバビリテ》（確率）の頭文字pを用いるので、これはコンドルセの問題意識の反映にほかならない。

コンドルセの問題意識とは何か。それは多数決の判断が正しい確率はどれほどのものになるかということだ。例えば3人の陪審員（アラン、ジャン、フランソワ）がいるとして、多数決の結果が正しくなる確率はいくらになるか。その確率を求めるため、ここでは簡単のためvを0.6として考えていこう。八つの場合分けが必要だが、それぞれのケースを丁寧に見ていく。

ケース1　3人全員が間違える。このときは当然、多数決の結果は間違い。

ケース2　アランだけが正しく、他の2人は間違える。このとき1対2なので、間違えている側が勝つ。つまり多数決の結果は間違い。

ケース3　ジャンだけが正しく、他の2人は間違える。このとき1対2なので、間違えている側が勝つ。つまり多数決の結果は間違い。

ケース4　フランソワだけが正しく、他の2人は間違える。このとき1対2なので、間違えている側が勝つ。つまり多数決の結果は間違い。

ケース5　アランとジャンは正しく、フランソワは間違える。このとき2対1なので、正しい側が勝つ。つまり多数決の結果は正しい。

ケース6　アランとフランソワは正しく、ジャンは間違える。このとき2対1なので、正しい側が勝つ。つまり多数決の結果は正しい。

図表 3-1

ケース	このケースが起こる確率
1	$(1-0.6)^3$
2	$0.6\times(1-0.6)^2$
3	$0.6\times(1-0.6)^2$
4	$0.6\times(1-0.6)^2$
5	$0.6^2\times(1-0.6)$
6	$0.6^2\times(1-0.6)$
7	$0.6^2\times(1-0.6)$
8	0.6^3

ケース7　ジャンとフランソワは正しく、アランは間違える。このとき2対1なので、正しい側が勝つ。つまり多数決の結果は正しい。

ケース8　3人全員が正しい。このときは当然、多数決の結果は正しい。

図表3-1は、各ケースが起こる確率をまとめたものだ。さて、多数決の結果が正しくなる

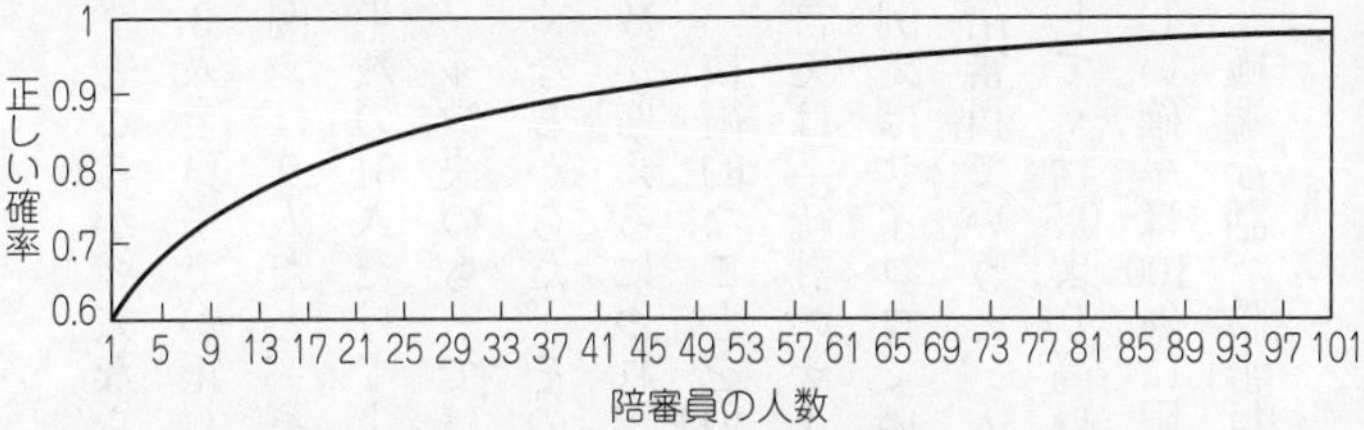

図表 3-2　多数決の結果が正しい確率（v＝0.6 の場合）

陪審員の人数を増やすと，多数決の結果が正しい確率は急速に大きくなる．

のはケース5からケース8、つまり3人のうち2人以上が正しいときである。そうなる確率は、ケース5からケース8が起こる確率の和である。計算するとその値は下記の式のように0.648となる。

$$3\times0.6^2\times(1-0.6)+0.6^3=0.648$$

この値がv＝0.6より高いという点が重要だ。つまり陪審員3人で判断するほうが、1人で判断するよりも正しい確率が高くなる。

0.648だと0.6と差があまりないように見えるかもしれないが、陪審員の数を増やすと、多数決の結果が正しい確率は急速に大きくなる（図表3-2）。例えばその値は7人で0.7を超し、101人だと0.97を超す。意外な結果かもしれないが、その理屈は難しくない。

まず当たり前だが、1人だけで正しく判断できるのは、その1人が正しいときだけだ。1人中1人という全員である。

ところが3人ならどうなるか。3人のうち2人が正しければ、多数決の結果は正しくなる。3人全員までが正しくある必要はない。このハードルは陪審員の人数を増やすとさらに下がる。例えば9人だと、そのうち5人だけでも正しければ多数決の結果は正しくなる。101人ならほぼ半数の51人だけでよい。

多数決のもとでは、正しい判断をする者が半数をわずかにでも越しさえすれば、結果が正しくなるからだ。そのハードル、つまり正しい判断をする者が過半数となる確率は、陪審員の人数が増えるにつれ、100%近くまで上昇する。

技術的なことをいえば、これは統計学でいう「大数の法則」の応用である。これは大まかに言えば「統計のデータが増えるにつれ、そのデータの平均は真の平均に近づく」というものだ。例えばサイコロでいうと、何度も振るにつれて、各面が出た回数の割合は1/6に近づいていく。陪審員でいうと、人数が増えるにつれて、正しい判断をする者の割合がvに近づいていく。そしてvは0.5より高い、つまり正しい判断をする者の割合が50%を超すので、多数決の判断が正しい確率は100%に限りなく近づく。

極端な話、陪審員が多いどころか、いっそ無限人いるとしよう。そのうち個々の1人が正しい判断をする確率はvなので、無限人のうち正しい判断をする者の割合はちょうどvである。そしてvは0.5より高いので、過半数の陪審員が正しい判断をするということで、多数決の結果は必ず正しい。100%の正確率というわけだ。

陪審定理の結果は驚きだが、トリックを知ればそれが成り立つのは直観的であろう。その厳密な証明は、大学レベルの数学の知識があれば容易に追うことができる。むしろコンドルセの画期性は、多数決という社会制度の性能評価に「大数の法則」という統計学の成果を使うという、着想の新奇性にある。

さて、現実には陪審員の数は有限なので、正確率は100%にまでは至らない。しかし人数が増えるにつれ、それは100%に限りなく近づいていく。これを陪審定理という。

つまり自分は「有罪」を投じたが、多数決の結果が「無罪」であったときには、自分の判断は高い確率で間違えていたというわけだ。自分の意に沿わない、気に入らない結果が出たと考えるべきではない、自分が間違えていたわけだから。

陪審定理が成り立つためには以下の二条件が満たされている必要がある。

条件1　陪審員は被告人と事件に関する情報を適切に与えられており、自分の理性を働かせようと努めること。いわば情報開示がなされており、また偏見や思い込みで判断しない。これによりvが0.5より高いと想定できる。

条件2　陪審員は自分の頭で考えて有罪か無罪かを判断すること。投票の前に討議の機会はあってもよい。ただし、その場の雰囲気に流されたり、勝ちそうな方を予想してそちらに投票したりしない。これはvが統計的に独立であることを意味する。

陪審定理の数学的な一般化は多くなされており、実際には条件1と条件2はかなり緩めることができる。しかし大意として、陪審員たちが平均的にコイントスより正しい判断ができること、そして彼らの判断に独立性が高いことは、陪審定理の成立にとって本質的である。つまり条件1と条件2は概ね成り立たねばならない。

なるほど条件1と条件2が成り立つよう陪審の場を整えることが大事なのだ、と話は終わらない。むしろこれは出発点である。

正しい判断、結果の正当性

コンドルセの議論を整理していま述べた形の結果に「陪審定理」と名付けたのは、先にも登場したダンカン・ブラックである。彼が一九五八年の著書『委員会と選挙の理論』のなかでそう名付けた。陪審定理とは巧みな命名だが、コンドルセが考えていたのは陪審ではなく通常の投票であった。そこでの「正しい」判断とは何を意味するのか、ブラックはコンドルセの意図にまでは深く注意を払っていない。

そこでコンドルセが述べた、法案の賛否を表明する投票において、有権者が取るべき心的態度について注目しよう。

これは私自身ではなく、全員にとっての問いなのだ。つまり私は、私だけにとってよいと思うものを選ぶべきではない。自分自身の意見から抜け出たうえで何が理性と真理に適合するか選ばねばならない。(Condorcet 1785, pp. cvi-cvii)

これでも意訳しているのだが、まだいささか文意が汲みにくい。しかし「自分自身の意見から抜け出たうえで」を「自分だけの利益から抜け出たうえで」と解釈すると、文意は汲みやすいだろう。要するにコンドルセいわく、投票において有権者は、自分だけに関わる私的な利益ではなく、自分が関わる公的な利益への判断を求められているのだ。こう読むと陪審定理における「正しい」の意味は通常の投票でもひとまず通じる。

この文章が、ルソーを強く念頭に置いていたものだと指摘したのが、現代の政治学者バーナード・グロフマンとスコット・フェルドである。彼らは一九八八年のアメリカン・ポリティカル・サイエンス・レビュー誌に「ルソーの一般意志――コンドルセ流の観点」という論文を発表し、ルソーによる次の文章をコンドルセの先の文章と比較し論じた。

人民集会に法案がかけられたとき、人民に問われているのは、彼らがそれを認めるか否かではない。問われているのはその法案が、人民の意志である一般意志に合致するか否かである。

(ルソー『社会契約論』第四編二章)

「一般意志」という言葉はひとまず置くとして、よく読むとコンドルセとルソーの文章は類似している。これに限らずコンドルセは著作でルソーの『社会契約論』を明らかに意識した文章をいくつも書いている。コンドルセによる投票研究の思想的源流はルソーにある、というのがグロフマンとフェルドの発見であった。

そして一般意志だが、これはルソーの政治思想の核心にある、平易とは言いがたい概念である。次節でその大まかな解説をするが、ここでは一般意志を「人々の共存と相互尊重を志向する意志」のように捉えておけば、コンドルセとルソーの文章の類似性は一層明確であろう。

ところで出版年でいうと、ルソーの『社会契約論』は一七六二年、コンドルセの『多数決による決定の蓋然性への解析の応用』は一七八五年なので、コンドルセのほうが後である。当時『社会契約論』は禁書指定を受けながら密かに読まれていたものなので、コンドルセはルソーについて明示的に述べなかったのだと思われる。

多数決をめぐる最大の倫理的課題は、なぜ少数派が多数派の意見に従わねばならないのか、というものだ。従わなければ罰されるからというのは服従する理由であって、従うべき義務の説明にはなっていない。また「結果がこうなったのだから従うのが義務だ」というのは義務の押し付けであって、その「義務」の正しさを生じさせることに成功していない。すなわち多数決においては結果に従うべき正当性が求められる。

陪審の評決については、多数派の判断が正しい確率が非常に高い、というのがその正当性を支えていた。では法案の審議ではどうか。多数派の判断が一般意志に適う確率が非常に高い、とはどのような正当性を与えるのか。それを理解するためにはルソーの議論における、一般意志と立法について知る必要がある。そしてそれらの議論は、望ましい集約ルールが何であるかの探究を超えて、近代市民社会を支える根本理念を、私たちに強烈に照射することになる。

2 『社会契約論』における投票

社会契約

人民主権論を打ち立てたジャン＝ジャック・ルソーはフランス革命の思想的な象徴であり、政治思想に関するもののみならず、小説や自伝などさまざまなジャンルの著作で知られている。

これから触れるのは『社会契約論』、人民主権の原理を突き詰めて追究した彼の主著の一つである。旧体制《アンシャン・レジーム》下の一七六二年に出版されたが主に宗教上の考えが理由で発禁となり、革命後の動乱期においては聖典のように扱われた。日本では明治期に中江兆民が部分訳を『民約論』として公刊し、自由民権運動の時代精神をかたどった。

『社会契約論』はルソーが圧巻の筆力で、入り組んだ論理を疾走しながら次々と概念を生成していく、難解だが明晰な書物である。要約にはまったく向いていない。ここでは本書と直接の関係が深い内容に焦点を絞り、補助的な説明を加えつつ、骨子を説明していく。

ルソー（1712-1778）
提供：Culture Club/Getty Images

ルソーは一七五五年の前著『人間不平等起源論』で、社会で不平等が拡大するなかで人間同士が疎外していくプロセスを描いた。そこには支配する者と、支配されるものが現れ、支配する者のなかには高慢と虚栄がはびこり、支配される者のなかには卑屈と追従が生まれる。

究極的にはそれは、少数の富者に政治的権力が集中し、多数の弱者が奴隷のようになる状態へと行きつく。そこでは支配する少数の富者さえも、高慢と虚栄に捕らえられた欲望の奴隷である。富者が奴隷とは何だと思うかもしれないが、立派な衣装を着た操り人形が、欲望という名のご主人様に操られているイメージである。悲惨と悪徳に満ちた状態。『人間不平等起源論』はネガティブな著作だといってよい。

ではそのプロセスから抜け出すことは人間に可能か。『社会契約論』はその可能性を探る、よりポジティブな著作だといえる。しかし楽観的とはいえない。むしろルソーが探るのは一筋の光明である。自由な社会の設立はいかにして可能で、その運営はどのような原理に基づかねばならないのか。

ここでいう自由は奴隷の反意語と考えてよい。そして奴隷はルソーがよく引き合いに出す語である。「奴隷は鉄鎖のなかですべてを失ってしまう。そこから逃れたいという意欲までも」というフレーズは特によく知られている。圧政に隷従し、卑屈と追従を続けるうちに、奴隷はその状態に飼い馴らされてしまうというわけだ。

奴隷状態は正当化できない。奴隷がその状態に飼い馴らされているのなら、それは最初の暴力に負けたことに起因しており、奴隷として服従する義務を引き受けたからではない。そして、もし飼い馴らされていないなら、いまの暴力にやむなく従っているだけだ。暴力に支配されることと、義務を遂行することは、まったく別種の行為である。奴隷状態は権利や義務でなく、暴力が生み出したものに過ぎない。

どうすれば正当な、人間が奴隷にならない、自由にいられる社会を築けるのだろうか。そのための手段が、互いを対等の立場として受け入れ合う社会契約である。それは何か。

ルソーの構想する社会契約において、人々は一つの分割不能な共同体へと結合し、また彼らはすべての権利を共同体に渡して一つに束ねる。これが契約行為である。

各人が契約する相手は、神様でも王様でも他人でもなくて「自分たち」、つまり自分を含む契約当事者たちが構成する共同体である。この共同体を人民という。また、束ねた権利のことを主権という。人民に主権は属するので、これを人民主権という。人間は多様だが、彼らが行う契約行為は完全に等しいゆえ、社会契約は人々のあいだで完全に対等である。ではこの共同体はいかにして運営されるのか。キーワードは一般意志である。

一般意志

ルソーの議論において、人民は一般意志の指揮のもとに置かれるとされる。だがこれは誰かや何かの管理下に置かれるわけではない。

人民とは構成員たちからなる一個の分割不能な共同体であり、一人ひとりの構成員ではない。そして一般意志とは、個々の人間が自らの特殊性をいったん離れて意志を一般化したものだ。意志を一般化するとは、自己利益の追求に何が必要かをひとまず脇に置いて、自分を含む多様な人間がともに必要とするものは何かを探ろうとすることである。

それゆえ一般意志は人々を対等に扱い、人間に共通の必要を尊重し、平等性を志向する傾向を持つ。個人が特殊的な「私」の次元から一般的な「公」の次元へと思考を移すという、熟議的理性の行使——それを意志の一般化と呼ぼう——を通じて自分たちで共同体を運営するのが、人民が一般意志の指揮のもとに置かれるということだ。

これを特に難しく捉える必要はない。自治には公私の区別が必要だということを、純化して表現したものだからだ。要するに、私的領域では自分のことだけを考えるのが許容されても、公的領域ではそうではないということだ。公私の領域に区別がないと、往々にして「公」の名のもとに「私」が踏みにじられる。だからそれはあったほうがよい。「熟議的理性」という言葉に一点注意しておく。英語だと熟議は deliberation(仏語だと délibération)だが、この語は熟慮をも意味する。だから英語の deliberation を和訳するときには、熟議なのか熟慮なのか、日本語の選定に注意せねばならない。熟議だと複数の人が会話しないとできないが、熟慮だと一人で黙ってできるので、日本語の印象はかなり異なる。では熟議と熟慮を使い分けずに内包する deliberation の本質は何かというと、思索を通じて考えを形成したり変えたりすること、その行為の前後における変化である。

熟議的理性を行使するとは、理性に尋ねて考えを形成したり変えたりすることだ。そのような行為をわざわざするのが、私から公の次元へ思考を移すということである。なぜそのようなことをせねばならないのか。それは人間が多様だからだ。

人間が一様ならば自分も他人も同じようなものなので、わざわざ熟議的理性を行使して、意志を一般化してまで、ともに必要とする社会基盤が何かを探る必要性は乏しい。自分がいて、他者がいて、それぞれ異なるから、各自がそのような面倒な行為をする必要があるのだ。それは自分を離れるというよりは、自分のなかに深く潜り、他者と人間としての共通点を見付け、それを尊重しようとする営みである。

理性が情動より高貴だとか上位だとか言っているわけではない。理性も公的領域もそこまでの高みを欲してはいない。単に公的領域においては理性の行使が要請されるのだ。意志を一般化するとはその要請を引き受けること、そのような主体としての自分を選び取ることだ。だからこの作業は言うなればアイデンティティの選択であり、自分を放棄するわけでも離脱するわけでもない。

しばしばなされる誤解だが、一般意志を全体主義的に捉えるのは大きな誤りである。むしろそれは多様な人間が共存する基盤、自由社会の枠組みを志向するものだからだ。一般意志は差別や偏見を許容しない。社会契約はその成り立ちから、法のもとでの平等や一人一票の原則を含む、構成員間の政治的平等を重視する。これは政治的権力や政治的権威に構成員間で大きな偏りがある、全体主義的体制ではありえないことだ。

人々は社会契約により、所有権の保護や人格の尊重、そして自由の創設などを獲得する。これは「互いの認め合い」であり、それにより人々の暮らしは以前よりよきものとなる。そのために契約しようとする人間の心理の基盤は何かというと、利己心である。だが利己心といっても一通りではない。節度のあるなしで利己心の現れ方は大きく異なってくる。

社会契約をなすためには、自分のみならず他者をも尊重するという節度の心理が不可欠である。それは利他心というより、節度のある利己心《アムール・プロプル》である。「自分だけを尊重しろ」や「自分だけは優遇しろ」という節度なき利己心が暴れると、契約には至れない。

ではこの節度ある利己心の、根っこの感情とはどのようなものか。それは「他者との関わりのなかで、自分は軽く扱われたくない」という尊厳の感情である。この感情が暴走しないで「他者が自分を尊重するなら、自分も同様に他者を尊重しよう」という抑制の効いた心理が生まれたとき、社会契約は可能となる。

主権の役割

社会契約において人々は、皆が持つ権利を一つに束ねあげる。そうしてできた強大な権利を主権と呼ぶのであった。では主権は何をするのか。

主権の役割は、一般意志に基づき、共同体内での取り決めを定めることである。これはつまり自分たちを治める規則、法を定めるということだ。すなわち主権とは立法権である。そうして生まれた法が治める社会で、共同体の構成員たちは生きることになる。法は一般意志の具体化であり、一般意志の性質上、それは構成員の全員から由来し、全員に等しく適用される。

では一般意志はどこにあるのか。まずは確認だが、ルソーの議論において「人民」とは社会契約により生まれた一個の分割不能な共同体を指すのであった。つまり人民とは、生き物である人間ではなく、概念として作られた集合体だ。よって、それ自体で精神、意志を持つ主体ではない。「人民が一般意志を持つ」といった言い方は厳密には正しくない。

一般意志はあくまで個々の人間が、自らの精神のなかに見付けていくものだ。法の制定とはそのような行為であり、ある法案が一般意志に適うか否かを調べるためには、構成員全員が参加する集会で、各自が辿り着いた判断を投票で表明して、多数決で判定する。

もう少し詳しく述べよう。投票に際して個々の構成員は、法案が一般意志に適うか否かへの自らの判断を、熟議的理性を行使したうえで表明する。そうした多数決により法案の一般意志への適否を判定するわけだ。よって自分の判断と多数決の結果が異なっていても、それは自分の判断が間違っていたということになる。自分の意に沿わない結果が出たということではない。自分は一般意志の判断を見付け損ねていたのだ。

よってそうして定められた法に従うことは、多数派の意志に服従することではない。それは多数派が見付けた一般意志の判断に従うことなのだ。そして一般意志は自らの意志であるゆえ、それが定める法に従うことは、自ら定めた法に従うことを意味する。

以上が、ルソーの展開した、少数派が多数決の結果に従う正当性の根拠である。コンドルセはこの議論を強く念頭に置いていたから、投票において多数派を尊重することを重視した。ペア勝者規準はその姿勢を最も明確に具体化したものだ。

多数決の暴走への歯止め

いまの議論は、いかなる条件のもとで、少数派が多数派の投票結果に従うのが正当なのかを明らかにしている。まずそれは、人々が熟議的理性を働かせた投票でなければならない。そしてそのためには、投票の対象は、そのような熟議的理性の行使が可能となるものでなければならない。人々の利害対立が鋭く意志が一般化できない対象は、そもそも投票の対象にはならない。典型的には自由や権利の侵害に関する事柄、例えば少数民族の排除や性的少数派の抑圧を、投票で決めることはできない。

では多数決によるそうした侵害の可能性をどうやって抑え込むのか。万全の策があるわけではないが、めぼしいものを三つ挙げておこう。

一つ目は、多数決より上位の審級を、防波堤として事前に立てておくことだ。例えば、多数派が少数派を抑圧する法律ができないよう、上位の憲法がそれを禁止するというのが、立憲主義のやり方である。例えば日本だと、最高裁判所は、法律や条例などが憲法に違反している場合は無効とする、違憲立法審査権を有している。この仕組みが機能するためには、憲法が単なる多数決で簡単に改正できるものであってはならない(これは第4章3節で再度扱う)。立憲主義は、民主主義の名のもとに非民主的なことがなされないよう歯止めをかけるものであり、民主制を適切に働かせる機能を持つ。

二つ目は、複数の機関での多数決にかけることだ。例えば、立法府を衆議院と参議院の二院に分け、両院の多数決をともにパスしないと法律を制定できないようにする。衆参で多数派が異なる「ねじれ国会」は、この制度が機能した結果起こる現象である。

三つ目は、多数決で物事を決めるハードルを過半数より高くすることだ。一番高いハードルは100%、満場一致である。それは極端だと思われるかもしれないが、そもそも民主主義は多数派のためのものではなく、万人のためのものだ。満場一致のよいところは、法案の提案者が、皆が同意できるような法案を探し出さねばならないところである。ただの多数決だと、過半数の支持さえ得られれば法案が通るので、提案者は少数派に配慮する必要が乏しいし、またそこへ意識を向ける誘因が働きにくい。ハードルを過半数より高くすると、提案者がより広い層を配慮するようになる、というのは意外と見過ごされがちな重要ポイントである。

三つ目の点について、補足を加えよう。いま法案を「パスさせる」「パスさせない」という二つの選択肢を念頭に置き話を進めてきた。では選択肢が三つ以上の場合は、どう考えればよいだろうか。選択肢が三つ以上のときには、一つの選択肢が満場一致で支持されるのはさすがに難しい。ではどの集約ルールがよいかというと、やはり有力なのがボルダルールである。多数決と異なり、ボルダルールで勝つためには、最大派のグループだけでなく、幅広い層からポイントを集めねばならないからだ。実際、順位の差を距離のように数学的に取り扱うと、ボルダルールで勝つ選択肢は、他のどのような選択肢と比べても、満場一致との距離が近いという計算結果が出る。

社会的分断と多数派の暴走

社会的分断がなされ多数派が少数派を抑圧した一つの例として、ルワンダ大虐殺を挙げておこう。これまでと、これからの議論を理解するうえで有用なはずだ。

一九九四年の春から初夏にかけてアフリカ中部のルワンダ共和国で、多数派のフツ族が、少数派のツチ族を大虐殺した。犠牲者の正確な数は分からないが、全人口のおよそ一割にあたる、八〇万人から一〇〇万人だと考えられている。その特徴は、多くの場合、隣人が隣人をナタや棍棒など身近な武器で殺したことだ。ガス室や原子爆弾と比べると、殺害の心理的負担が大きいはずのやり方である。

ルワンダにおける民族区分は生死を隔てるほどの意味があった。だが人間にもともと区分があるのではない。人間を区分する人間がいるだけである。

ルワンダ人を民族ごとに決定的に区分したのは、ルワンダを植民地にしていた一九三〇年代のベルギー人であった。統治の都合上、すべてのルワンダ人をフツ族（八五％）、ツチ族（一四％）、トゥワ族（一％）に公式に区分し、それぞれに民族ＩＤカードを発行して、ツチ族を優遇する人種差別機構を確立したのだ。

公教育の場であったカソリック教会は、ツチ族の優越性と他民族の劣等性をルワンダ人に説き、人種による社会的分断を促した。国制はツチ族による君主制であった。自分で自分を何者と見るか。ルワンダにおいては人々に「何族の者」というレッテルが貼られ、それはアイデンティティとして多くの人々の内面に入り込んだ。

その後一九五九年にツチ族の活動家がフツ族の活動家を襲撃する事件が起こり、それを契機にフツ族がツチ族の政府機関を襲い、革命が起こった。一九六一年に君主制は廃止、ルワンダは形式的には民主主義国家となる。だがその中身は民主主義ではなく多数派主義《マジョリタリアニズム》であった。権力を握ったフツ至上主義政党がツチ族を迫害しはじめたのだ。国際社会においてルワンダはフランス語圏勢力に属しており、そこへの影響力を維持したいフランスは、フツ至上主義的政府を支援した(大虐殺の際にも途中までフツ族を保護しツチ族を攻撃した)。

一国内でIDカードが分断した人々。多数派主義のもとで、フツ族による迫害と、ツチ族による反撃が続く。むろん話はここまで単純ではないのだが、概ねそのようにして一九九四年の大虐殺に至ることになった。当時ラジオは、ツチ族殺害を煽るプロパガンダを流し続けた。

では「自分はフツ族だから」という理由で隣人のツチ族を殺害する行為は、果たして自由なものといえるのだろうか。「自分も隣人もルワンダ人だから(または人間だから)」、あるいは「自分も隣人も共通の趣味を有するから」や単に「これまで近所付き合いをしてきたから」などの理由で、共存を選んではならないのか。ツチ族と対立するイメージを付着されたフツ族の、そのアイデンティティのみを押し付けられた、あるいはそれに固執した、人間の魂のあり方は自由ではない。

自由と社会契約

自分たちで決めることと、自由の概念にはどのような関係があるのだろうか。ルソーの議論のなかにそれを見ていこう。ところで「自由」という語は論者によってかなり使い方に違いがある。ここではルソーの議論を引き継ぎ二〇世紀後半に『正義論』を打ち立てた哲学者ジョン・ロールズの講義録、『政治哲学史講義』の用語づかいを踏襲する。

社会契約は二種類の自由を生み出す。まずは一般意志を通じて自ら定めた法に従うこと、道徳的自由である。道徳的自由の原語はリベルテ・モラルだが、モラルには「道徳的、精神的」の意があり、日本語ではうまく訳出しづらい。精神が欲望の奴隷にならない、自ら行使する意志がそれを制御する、その行為に道徳性が生まれる、といったニュアンスである。そして、そのように定めた法の制約内で自らの意のままに生きる自由を市民的自由という。

つまり社会契約により共同体の構成員は、道徳的自由と市民的自由を獲得する。失うものは自分以外に制約するものがない自然的自由、いわば好き勝手な振る舞いである。例えば所有についていえば、自らが持つものへの所有権を得て、自分の手が届くものへの無制限な獲得権を失うことになる。

それと同時に、共同体内では財産の一定の再分配が求められる。まずそれは人々の生存を支えるうえで欠かせないからだ。さらに過度の財産的不平等は、人格的にも対等な関係を崩し、高慢、虚栄、卑屈、追従などがはびこる状態へと社会を導いてしまう。そうなれば相互尊重は難しくなり、一般意志に基づく社会の維持は見込めない。理性による自治であったものが欲望による支配へと、義務の遂行であったものが力への服従へと、契約前のような状態に戻ってしまうからだ。そのとき社会は分断され、立法は一般意志に由来できない。

財産の再分配は、人々の福利厚生を改善するというそれ自体の目的を持つが、同時に、社会の紐帯を維持する強力な手段でもあるのだ。ではどの程度の再分配が必要かというと、ルソーは「誰も他者を買うことができず、誰も自分を売らないですむ」程度と表現している。

社会契約論の理論構成は厳格で非妥協的だが、これは人民主権社会の編成原理を徹底的に追究したためである。ルソーのなした作業は、化学式や数学公式を導出するようなものだったといってよい。それゆえ、そこで導出された原理の多くは、近代市民社会に生きる私たちが有する規範的感覚を、整理して厳密に述べたものとなってもいる。ルソーが近代市民社会を切り開いたといわれるゆえんである。

それでもやはり彼の追究は徹底しており、それは私たちが自明視する常識を、ときに遠慮なく揺さぶりかける。特に次節で述べる、彼の代表民主制に対する目は厳しい。

3　代表民主制

直接民主制と代表民主制

法案を通すのにいちいち共同体の構成員を全員集めて人民集会を開くわけにはいかない。そのような意志決定を行うには人々は忙しすぎるし、あまりに手間がかかる。よって直接民主制ではなく、選挙で国会議員を代表として選び、代わりに立法してもらう――これは代表民主制それ独自の意義を考慮しない単純な見方ではあるが――というのが代表民主制である。

対比すると、直接民主制が「自分たちのことを自分たちで決める」仕組みで、代表民主制は「自分たちのことを決める人を自分たちで決める」仕組みである。今後、直接民主制を直接制、代表民主制を代表制と略記する。

ルソーが代表制下のイギリスの国会議員選挙について非難した、『社会契約論』の次の箇所を見てみよう。

人民が自ら承認したのでない法はすべて無効であり、断じて法ではない。イギリス人民は自由だと思っているが、それは大きな間違いである。自由なのは議員を選挙する間だけのことで、議員が選ばれるやいなや、イギリス人民は奴隷となり、無に帰してしまう。（ルソー『社会契約論』第三編一五章）

この非難をどう読むか。まず、これは厳しい非難というよりは、議員はよい公約を選挙期間中に掲げていても当選後は守らず勝手に振る舞うといった、単なる皮肉のようにも読める。論者によっては、ルソーは直接制の強い支持者だがその実施は難しいので実際上は代表制を認めている、という者もいる。実際、『社会契約論』ののちにルソーが書いた提言的な論考「コルシカ憲法草案」や「ポーランド統治論」では、立法の仕組みに代表制を採り入れている。

しかしながら、やはり原理的には代表制による立法は正統ではない。民主主義社会の範型を『社会契約論』に求めるならば代表制は否定せざるをえない。近年、キングス・カレッジ・ロンドンの政治学者ロビン・ダグラスは、これについて説得的な議論を展開した。彼によれば、ルソーの社会契約が代表制と矛盾することの二大根拠は、一般意志と人民の性質、および道徳的自由の重要性にある。

既述のようにルソーのいう人民とは一個の分割不能な共同体である。一般意志がそれを指揮するが、それはあくまで一人ひとりの人間の精神的な意志である以上、引き剝がして誰かに譲り渡しようがない。あくまで一般意志は精神的なものだからだ。ましてやそれを、分割不能な共同体のどこか一部分にだけ与えるなど不可能である。なんせ部分に分割できないのだから。

さらには代表制によって一部の者が立法権を占有すると、他の者は自ら定めた法に従う自由である道徳的自由を失うことになる。他者が定めた法に従うことになるからだ。代表制のもとで代表たちは道徳的自由を得る一方で、他の者はそれを失う。この、代表制のもとでの道徳的不平等は、社会契約の根本的特徴である対等性に違反する。

すなわちルソーがイギリスの国会議員選挙に対して述べたことは皮肉ではなく、彼が打ち立てた人民主権の原則と矛盾するという論理上の指摘にほかならない。

代表制は人民主権の観点からは正統化しえない。では正統性はさておき、何か別の理由で代表制を採用するとして、それは機能的に直接制とどれほど近いのだろうか。結論からいうと両制度のあいだにはときに想像を絶する隔たりがある。それを端的に示すひとつの例を挙げよう。

オストロゴルスキーのパラドックス

いま代表制のもとで1人の政治家を選出する選挙を考える。政党は二つ、XとYだ。選挙の争点は三つ「財政」「外交」「環境」である。有権者は5人おり、彼らを有権者1から有権者5で表す。有権者1は、財政は政党X、外交は政党X、環境は政党Yの政策を支持している。彼

図表 3-3

有権者	財政	外交	環境	支持政党
1	X	X	Y	X
2	X	Y	X	X
3	Y	X	X	X
4	Y	Y	Y	Y
5	Y	Y	Y	Y
多数決の結果	Y	Y	Y	X

はそれら三つの争点を等しく重要と考えており、総合的には政党Xを支持する。同様に、他の有権者についてては図表3-3の通りとする。

ここで政党Xと政党Y(の候補者)への選挙を行うと、政党Xが勝つ。しかしここでもし争点ごとに直接選挙をしていたらどうなったであろうか。図表3-3を見てみると、財政も外交も環境も、すべての争点で政党Yが勝つ。つまり代表制と直接制では選び取る結果が完全に異なるわけだ。

これはあくまで一つの例だが、代表制が直接制の代替物でないことを端的に示している。

このように代表制と直接制が正反対の結果を生み出しうることを、**オストロゴルスキーのパラドックス**という。名を冠されたモイセイ・オストロゴルスキーは一九世紀から二〇世紀をまたいで活躍した、ロシア帝国で国会議員を務めた政治学者である。彼は民主制のもとで政党が果たす役割に否定的な論客であった。このパラドックスは、オストロゴルスキーが没してから半世紀以上を経て、一九七六年に政治学者ダグラス・ラエとハンス・ダウトが発表したもので、彼に敬意を表してその名を付けた。

ルソーは民主的な社会の一つの範型とその原理を執拗なほど丁寧に描き出した。ではそれと異なる社会、例えば国民が直接立法するルートが皆無で、政治家の世襲が多く、巨大企業が政治に大きな影響力を持つ社会の政治体制は、いったい何なのだろうか。二〇世紀を代表する政治学者のひとりロバート・ダールは、現実の比較的民主化された体制をポリアーキーと呼び、それを理念としての民主主義と区別した。私たちが「民主的」だと思っている社会は実際にはどの程度、どのような意味で民主的なのだろうか。

ルソーが奴隷呼ばわりするのは選挙期間外のイギリス人だけではない。他人事のつもりで「奴隷」の語を眺めていた『社会契約論』の読者は、あるときその語が、自分のことを指しているのだと感じてしまう。現行の社会制度に飼い馴らされきったお前は、その依存状態において奴隷そのものだというわけだ。

『社会契約論』が指し示す範型は、北へ歩く旅行者にとっての北極星のようなものだ。いつまでもそこには辿り着けない北上の指針である。そしてルソーが描いた範型と現行社会との差異は、現行社会の諸問題を人民主権の角度から浮き彫りにして、ときに私たちを当惑させる。

第4章　可能性の境界へ

1 中位投票者定理

直接制と代表制

中欧チェコ共和国の首都、プラハの郊外にはストラホフ・スタジアムという巨大な陸上競技場がある。最大収容人数には諸説あるが、フィールドを含めるとおよそ二二万人、世界最大なのは間違いない。ビロード革命の以前、チェコがまだチェコスロヴァキア社会主義共和国の一部であった頃には、そこで「民族意識の覚醒」を促すための一糸乱れぬマスゲームが大々的に行われた。

ではこれだけの規模のスタジアムを、マスゲームではなく、ルソーが考えたような直接制のための人民集会に用いることはできるだろうか。当然ながら有権者が二二万人を超すとそれは物理的に不可能である。では国を分割して、一つの地域の有権者数をその程度に抑えて、それぞれの地域で分割自治を行えばどうだろうか。連邦制国家とするわけだ。

だが人民集会で二二万人すべてが発言することはできるだろうか。一つの法案審査に一人が一分だけ発言しても、そして毎日一〇時間の人民集会を開催したとしても、これには三六六日以上かかる。一年でも収まらない。

いくら法の制定への直接参加が道徳的自由(自ら定めた法に従う自由)を生み出すとしても、そのために必要な時間が莫大であれば、法の枠内で私的に自由に生きる市民的自由の時間は消失してしまう。法を守る時間さえないようでは何のための法か分からない。

そもそも全員が一堂に会して集会で発言する必要はあるのだろうか。そこで「一堂に会し」と「発言する」を分けて考えていこう。

まずは後者の「発言する」だが、全員ではなく、何人かの代表的論者が発言すれば十分だという考えがあるだろう。似た意見を繰り返し述べるのは時間の無駄ではないか。合理的な考えではあるが、これはつまり誰かに代表して発言してもらうということだ。

次に前者の「一堂に会し」だが、インターネットが普及した現代では、必ずしも有権者が物理的に集まらなくともよい。有権者は代表的論者の発言をオンラインで読んだうえで(二二万人全員の発言は長くて読めない)、法案審査を行えばよい。それでもさまざまな法案を真面目に審査するには多大な時間と労力がかかるだろう。であればやはりそれも誰かに任せてしまいたい。そう考えると、有権者が法案審査に直接関わる直接制ではなく、代表を選出して彼らに決めてもらう代表制にしたい、ということになる。

コンドルセは直接制のみを許容するルソーの人民主権論を強く意識していたが、それでも彼が革命期に起草したジロンド派の憲法草案では代表制を採用していた。

彼はアメリカのような連邦制国家には否定的であった。独立性の高い地域が一つの国のなかに複数存在すると、一国としての連帯感を維持することが難しくなり、それは他国からの侵略に対してマイナスに働くからだ。そもそもルソー流の社会契約により生まれる共同体は一つの分割不能な主体である。コンドルセは「それゆえフランスは共和国として宣言されねばならない、一つの、分割不能なものとして」と憲法草案を説明する論考で述べた。

そしてその帰結として彼は「共和国の大きさを考えると、われわれは代表制しか推奨できない」と述べ、代表制を軸とする憲法草案を作成している。そこで人民の代表たちは一院制を構成し、主権者の意志を体現するものとされる。

コンドルセは代表制に特有のメリットとして議場における熟議の可能性を挙げていた。彼の考えによれば、ある問いに対して論点が明確になるにつれ、最初はバラバラであった議員たちの意見が収斂していき、また意見の差異はどの原則を尊重するかの差異として明らかになってゆく。

確かに代表制の採用は『社会契約論』からの離反であるが、コンドルセによるこの考えは同書の第四編二章にある「議場を調和が支配するとき、つまり意見が満場一致に近づくほど、一般意志は優勢になる」を想起させるものだ。とすればコンドルセは代表制に一般意志を見付けるという積極的な意義づけを与えたともいえよう。むろんそのためには代表たちは議場で、支持者の意向ではなく、一般意志が意志するものを探し当てようと努めねばならないわけだが。

有権者と代表の関係は「信託」と「代理」に分類できる。有権者が代表を選出する際に、候補者の諸問題への判断力を基準として選ぶのが信託、自分の利益を増進する代弁者として選ぶのが代理である。コンドルセが想定する代表はむろん信託に基づくものだ。

さりとて満場一致の実現は多くの場合に期待できるものではない。では議場で満場一致が実現しないときに、どのようにして最終的な決定を行えばよいのだろうか。この問いを、争点が明確な一つの政治的課題に絞って考えることにしよう。そのとき実にコンドルセ好みの、だが当時の彼は気が付かなかった、ある集約ルールがきわめてうまく機能する。それが二〇世紀なかばにダンカン・ブラックが発見した中位ルールである。

単峰性と中位ルール

争点が明確な何か一つの政治的課題について考えよう。例えば隣国外交という政治的課題において、対外姿勢は分かりやすい争点であり、「穏健、中間、強硬」のように選択肢を段階的に並べることができる。あるいは消費税率であれば、数字で「5%、10%、15%、20%」のように、やはり選択肢を段階的に並べられる。

一つの政治的課題に絞るときには、このように選択肢を段階的に整理して並べられることが多い。そうしたケースで各個人は、これがベストと考えられる選択肢が一つあり、そこから離れるほどいやになる、というパターンの順序付けを持つのが通常である。隣国外交を例にするとそうした順序付けは四つある。

パターン1（穏健を望む）　1位が「穏健」、2位が「中間」、3位が「強硬」な者である。

「穏健」がベストな選択肢。

パターン2（中間を望むが強硬はいや）　1位が「中間」、2位が「穏健」、3位が「強硬」な者である。「中間」がベストな選択肢。

パターン3（中間を望むが穏健はいや）　1位が「中間」、2位が「強硬」、3位が「穏健」な者である。「中間」がベストな選択肢。

パターン4（強硬を望む）　1位が「強硬」、2位が「中間」、3位が「穏健」な者である。「強硬」がベストな選択肢。

図表4-1はこれら四つの順序付けを表したものだ。こうして図示すると、誰もが一つの峰を伴う、山形の順序付けを持っていることがビジュアルとして分かるだろう。それゆえこうした順序付けを単峰的だといい、また1位の選択肢を峰という。

単峰的でない順序の例には「1位は穏健だが、2位は強硬で、3位が中間」といったものがあるが、これは態度の一貫性を欠いており（少なくとも大抵の人の目にはそう映る）、そうした順

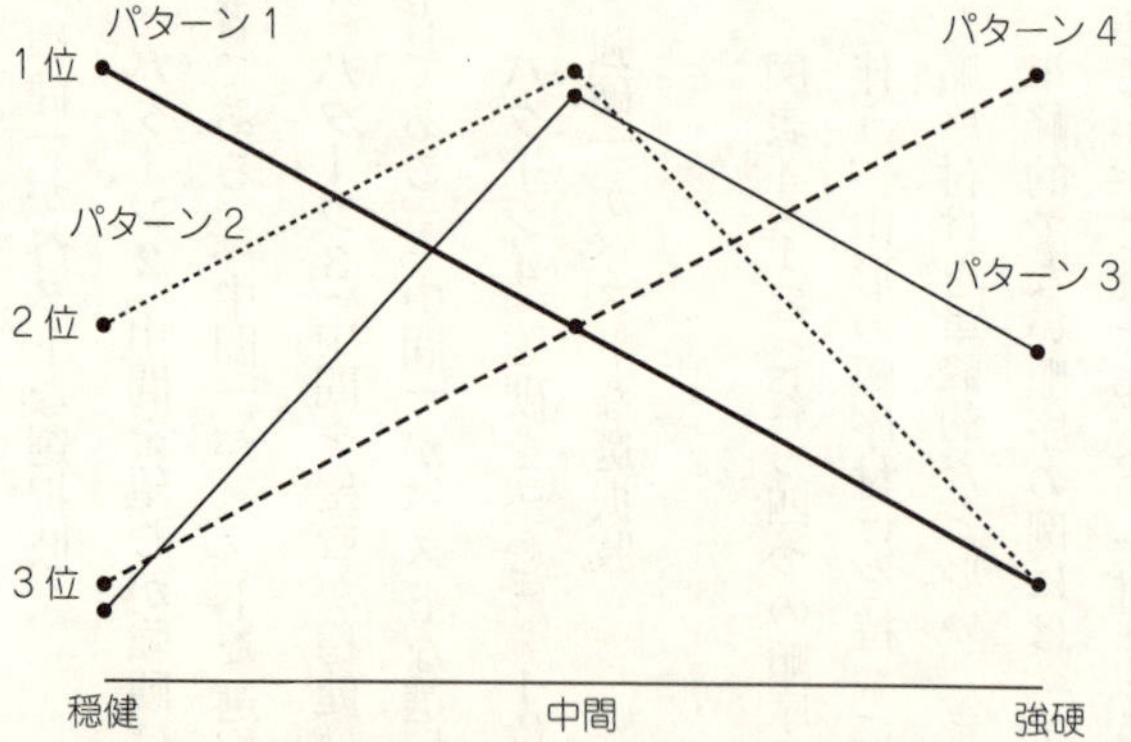

図表4-1　隣国外交を争点とした場合の順序付け

誰もが1つの峰を伴う，山形のパターンの順序付けを持っている．

序を持つ個人はいないか、いたとしても少数であろう。典型的ではない。

そこで争点が明確な政治的課題においては、人々は単峰的な順序付けを持つものとしてこれからの話を進めていく。

多数決と中位ルール

いま9人の議員が隣国への姿勢をめぐり、「穏健」か「中間」か二つの選択肢のうち、どちらを選ぶか議論しているものとする。議場の趨勢は「中間」に傾いており、このまま多数決すると「中間」が、過半数である5人の支持を得て勝ちそうな様子である。

しかし議決する直前に、隣国へ非妥協的な態度を取りたい者が、「中間」など生ぬるい、ここは「強硬」を選択肢に付け加えるべきだと主張したとしよう。「穏健」が選択肢にあるのなら、その反対である「強硬」も選択肢にあって然るべきだというわけだ。この意見は選択肢の作り方を中立的にすべしという理屈から議場で認められた。

いよいよ議論は出尽くして多数決を行う段階になった。開票結果を見てみると、「穏健」が4票、「中間」が3票、「強硬」が2票である。勝利を収めたのは最多票を得た「穏健」である。もともとは「中間」が勝つはずだったのが、「強硬」が新たに選択肢に加わったことで、「中間」の票が割れてしまったのだ。

この話から読み取れる多数決の難点を整理してみよう。

票の割れへの脆弱性　強硬を望む者にとって、その考えを表す「強硬」が選択肢に加わったことで、結果が「中間」から「穏健」へと、ますますいやなものになった。つまり多数決のもとでは、ある人にとってより好ましい選択肢が増えるのは、その人にとって不利に働きうる。

戦略的操作への脆弱性　「強硬」が選択肢に加わってもなお、「強硬」支持者は「中間」支持者と協調すればよかった。つまり正直に「強硬」に投票するのではなく、偽って「中間」に投票すればよかったのだ。皆で団結して戦略的に「中間」に票を入れれば、それを勝たせられた。つまり戦略的な投票行動によって、多数決の結果は操作しうる。

票の割れと戦略的操作は、いずれも単峰性が成り立たなくとも多数決に生じる難点である。なぜここで両者を改めて挙げたのかというと、単峰性が成り立つときには、これらの難点を持たない集約ルールが存在するからだ。

それが**中位ルール**、有権者たちのさまざまな峰のなかで真ん中（＝中位《メディアン》）を選ぶ集約ルールである。真ん中とは、いまの場合、有権者が9人なので5人目である。また、もし有権者が7人だと4人目、5人だと3人目である（有権者が偶数のとき真ん中は二つあるが、どちらを取ってもよい）。

いまの例だと真ん中の峰とは「中間」である。なぜなら9人の峰を左から数えていくと「穏健」で4人、「中間」で累計4＋3＝7人となり、「中間」が5人目を含んでいるからだ。だからここだと中位ルールは、真ん中である「中間」を選ぶ。これは右から数えても同様で、「強硬」で2人、「中間」で累計2＋3＝5人になるので、やはり「中間」が5人目を含んでいる。

左から数えても右から数えても真ん中が同じになるのは、真ん中の定義からして当然である（有権者が偶数のときは左右でわずかに違いうるが）。

中位ルールだと票の割れも戦略的操作も起こらない。これらのことを確認しておこう。

票の割れへの頑健性　強硬を望む者にとって、その考えを表す「強硬」が選択肢に加わったところで、結果は「中間」のまま変化しない。

戦略的操作への頑健性　自分が支持する選択肢に正直に投票するのが最適に、つまり「正直は最善の策」になっている。

実際、「中間」支持者は自分にとってベストの選択肢「中位」が実現するので、わざわざ不正直に他に投票する誘因はない。さらに「穏健」支持者と「強硬」支持者は協調に合意しない。例えば「穏健」支持者たちが不正直に「強硬」を支持すると、結果を「中間」から「強硬」へと変える操作ができるが、それは彼らにとって損である。

ところで本書では説明を簡単にするため、「一人での戦略的操作」と「複数人での戦略的操作」を区別せずまとめて扱っている。厳密には、一人による戦略的操作への頑健性を耐戦略性、

図表4-2

	「穏健」支持者 4人 (パターン1)	「中間」支持者 3人 (パターン2)	「強硬」支持者 2人 (パターン4)
1位	穏健	中間	強硬
2位	中間	穏健	中間
3位	強硬	強硬	穏健

複数人によるそれを連立耐戦略性という。

有権者たちの峰の真ん中のことを中位選択肢と呼ぼう。中位選択肢は「各自一番と判断する選択肢たちのなかのちょうど真ん中」なので、皆で妥協し折り合いをつけた選択肢という解釈ができる。妥当な妥協の結果というわけだ。

しかも中位選択肢にはさらなる望ましさがある。それはペア勝者になっていることだ。実にコンドルセ好みだといってもよい。これを確認するため、いまの例でペアごとに多数決をしてみよう。図表4-2は、図表4-1の順序付けをペア比較しやすいよう表記したものだ。

ただし図表4-2では、「穏健」支持者をパターン1、「中間」支持者をパターン2、「強硬」支持者をパターン4として、この状況を表している。「中間」支持者にはパターン2と3を混在させても同様の議論はできるのだが、ここでは説明を単純化するため彼ら全員をパターン2とした。

ペアごとの多数決において、「中間」は「穏健」には(3＋2＝)5対4で、「強硬」には(4＋3＝)7対2でいずれも勝利を収める。ペア勝者になっているわけだ。これは一般に成り立つ事実で、単峰性のもとでは中位選択肢が必ずペア勝者になっている。これを中位投票者定理という。

さらにいうと、ここでサイクルは発生しない。ペアごとの多数決をすると「中間」が「穏健」と「強硬」に勝ち、「穏健」が「強硬」に勝ち、全体としては上から「中間」「穏健」「強硬」とサイクルなく順序を確定できる。

単峰性のもとでの「ボルダ・オア・コンドルセ」

中位ルールの際立ったメリットは、やはり耐戦略性である。すなわち誰にとっても、自分の真の順序付けを正直に表明するのが最適となっている。多数決のように「死票になるのがいやだから、勝つ見込みのある次善の選択肢に投票しよう」といったことをしなくてよい。

中位ルールのほかに耐戦略性を満たすものはいったい何があるのか。この問いに答えたのがエルヴェ・ムーラン、ここ四〇年近くにわたり集約ルールの研究をリードし続けている、フランス出身のグラスゴー大学教授である。

ムーランは一九八〇年にパブリック・チョイス誌に公表した「耐戦略性と単峰性」という論文で、単峰性が成り立つとき、耐戦略性と他のいくつかの自然な条件を満たすものは、中位ルールとその類型しかないことを証明した。本書のこれまでの議論にはボルダルールを支持するものが多かったが、単峰性のもとで中位ルール(＝ペア勝者を選ぶルール)の魅力が一躍高まるのは特にこの理由による。

さらに付け加えると、単峰性のもとで中位ルールは、第2章で論じた棄権のパラドックスを発生させない。つまり棄権防止性も満たす。そして中位ルールはコンドルセが望むペア勝者を選び取る集約ルールである。それゆえ単峰性が成り立つときには「ボルダ・オア・コンドルセ」の問いへの答えは、コンドルセだと結論付けてよいだろう。

2　アローの不可能性定理

ペア比較の徹底

大まかにいうと、単峰性が成り立つときには、選択肢をペアごとに多数決して、その結果を組み合わせることで選択肢全体への順序付けをサイクルなく構成することができる。ただし厳密には、サイクルが発生しないと断言できるのは有権者の数が奇数のときだけである。偶数のときには多数決で「引き分け」が起こり、それが邪魔をして弱いサイクルが発生しうる。だが奇数だろうが偶数だろうが、中位選択肢がペア勝者になるという事実は揺るがない。ペアごとの多数決がかなりうまく機能する。

しかし単峰性が成り立たないとき、これらの望ましい事実は何ひとつ成り立たない。サイクルはいくらでも起こりうるし、「峰の真ん中」がないゆえ中位選択肢は定義さえできない。

むろん、ペアごとの多数決にこだわらなければ、これまでの章で見てきた通り、ボルダルールやコンドルセ・ヤングの最尤法など、優れた集約ルールはいくつか存在する。

だが「ペアごと」に徹底してこだわるとどうなるのだろうか。

これから、ペアごとに徹底してこだわることを、「選択肢XとYの対決に、他のあらゆる選択肢Zが一切の影響を与えない」という要求と考えて話を進めていこう。この要求を二項独立性という。二項独立性は、既述の二〇〇〇年のアメリカ大統領選挙でいえば、「ブッシュとゴアの対決に、ネーダーが一切の影響を与えない」という要求を含んでいる。

二項独立性は非常に強い条件である。ネーダーがゴアの票を喰った結果ブッシュが逆転勝利した選挙を見て、私たちはそれが起こらない、つまり「票の割れ」に強い集約ルールをこれまでいろいろ検討してきた。ボルダルールやコンドルセ・ヤングの最尤法はそのような集約ルールである。だが二項独立性はネーダーへの「票の割れに強い」どころか、ネーダーが「一切の影響を与えない」ことまでを求めるのだ。

もう少しテクニカルに言い換えよう。二項独立性とは、選択肢全体への順序付けはペアごとの比較のみに依拠せよ、他には一切依拠してはならぬ、という条件である。いったいどのような集約ルールがその条件を満たすのか。この問いを徹底的に追究したのがケネス・J・アローである。アローについては後述するとして、その問いへの答えを先に述べると、まともな集約ルールのなかにそのようなものは存在しない。それがアローの不可能性定理である。

独裁への帰結

これから二項独立性を、それを満たさない集約ルールである、ボルダルールにより説明しよう。満たす集約ルールで説明せよと思われるかもしれないが、アローの不可能性定理は、そのようなものは(まともなもののなかには)ないと断言するのである。これは数学的な定理として示されているのだから諦めるほかない。

それゆえに、アローの不可能性定理を理解するのはなかなか容易でない。だが、だからこそ、後述するように、この定理は拡大解釈されやすいのだ。

ボルダルールを念頭に置き、まずはケースAを見ていこう(図表4-3)。有権者は5人いる。このケースAにおいて、ボルダルールは選択肢をXYZと順序付ける(上から12点、11点、7点)。Xは最上位だ。だがここで、左列にいるYXZの3人がZの順位を一つ上げてYZXにしたとしよう。するとケースBが得られる(図表4-4)。このケースBにおいて、ボルダルールはＹＺＸと順序付ける(上から11点、10点、9点)。今度はＸは最下位である。

さて、これが肝心の点なのだが、ケースＡとＢのあいだでボルダルールがＸとＹに与える順位に逆転が起こっている。なんせＸは最上位から最下位に転落してしまっているのだ。

こうした逆転はダメ、違反だというのが二項独立性である。これまで述べた話を整理しよう。

図表4-3

ケースA	3人	2人
1位	Y	X
2位	X	Z
3位	Z	Y

図表4-4

ケースB	3人	2人
1位	Y	X
2位	Z	Z
3位	X	Y

・ボルダルールは、ケースＡでは、ＸをＹより高順位とする。
・ボルダルールは、ケースＢでは、ＹをＸより高順位とする。

ケースＡとＢではＸとＹの順位が逆転している。これが二項独立性への違反なのだ。なぜそんなことを違反と言いたいのか。二項独立性の精神とは次のようなものだからだ。

ケースAとBでは、どの個人についてもXとYへのペアごとの相対的な序列は変わらない。Zの位置だけが変わっている。具体的には、左列の3人がYをXより高順位に、右列の2人がXをYより高順位に置いているのは両ケースで同じである。だがボルダルールは、両ケースでXとYの順位を逆転させる。これはよろしくない、違反である。

つまり二項独立性は、XとYの集団的な順序は、XとYの個人的な順序のみで決めるべし、と求めるのだ。その決定に際しては、Zとの相対的な関係は一切考慮に入れてはならない。

コンドルセはスコアリングルールのように順位に配点する方法を嫌ったが、その姿勢を徹底的に厳しくしたのが二項独立性だといえる。コンドルセ・ヤングの最尤法ですら、二項独立性は満たせない。

先に二項独立性について述べたとき「選択肢XとYの対決に、他のあらゆる選択肢Zが一切の影響を与えない」と言葉で説明した。だがこのように二項独立性の実際の働きを見てみると、それが相当強いことが見て取れるだろう。

実際、二項独立性において「一切の影響を与えない」という要求は、「すべて無視せよ」という要求として働いている。XとYの集団的な順序付けを決めるときには、他のあらゆる選択肢Zとの関係は、すべて無視して考えねばならない。選択肢全体のなかでの位置関係を考慮するなどもってのほかだ。Xが1位でYが9位なのも、Xが8位でYが9位なのも、どちらも「XがYより上位」として等しく取り扱わねばならない。

これでは禁則事項として厳しすぎて、選択肢への順序付けの仕方があまりに窮屈なものになってしまう。二項独立性は有益でありうる情報をあまりに「使用禁止」し過ぎているのだ。むろんペアごとの比較「だけ」でどこまでうまく全体の順序付けが可能か調べるというのは、一つの研究方針である。だがその方針の重要性は必ずしも自明でない。思い付く集約ルールはことごとく二項独立性を満たさないし、しかもそのなかには魅力的なものがいくつかあるのだ。

さらにいうと、ペアごとの比較だけに依拠して全体の順序付けをうまく決められても、計算の都合上、実用的に便利になるというわけでは決してない。多くの足し算を要するスコアリングルールでさえ、すでに様々な場面で実用化されているのだ。特に計算機の発達した現代では、二項独立性のメリットを計算上の実用性に認める理由はない。

そして、本書でこれまで扱ったいかなる集約ルールも二項独立性を満たすことはできない。ではいったい何がそれを満たすのか。答えは独裁制である。独裁制とは何かというと、特定のある人物(独裁者)がいて、他人がどのような順序付けを持っていようと、その独裁者の順序付けだけがそのまま集団の順序付けとして採用されるというものである。独裁者以外の誰ひとりとして結果に影響を与えられない。

例えば、先ほどの図表4-3と図表4-4の例における「左列の3人」のうち1人(仮にアランと呼ぶ)が独裁者だとしよう。なお、アラン以外の誰を独裁者として置いても、ここでの議論は同様に成り立つ。

ケースAでは、アランの独裁制により、YXZとして集団的な順序が定まる(なぜならアランがそう順序付けているから)。ケースBでも、アランの独裁制により、YZXとして集団的な順序が定まる(なぜならアランがそう順序付けているから)。よってXとYとの序列は、ケースAでもBでも、YがXより高順位ということで一致している。二項独立性とは整合的だ。このようにしてアランの独裁制は二項独立性を満たす。

だが、むろん独裁制は政治的平等の対極であり、それ自体望ましくない。また、あらかじめ決まった一人の意見だけをいつも採用するので、広い知見を汲み取ることができない。それゆえ「独裁制は二項独立性を満たすから優れている」というわけではまったくない。そもそも二項独立性を満たす意義は弱い、というのはすでに説明した通りである。

ケネス・アローと村上泰亮の不可能性定理

ひとつ別の条件を導入しよう。満場一致性とは、全員がYをXより高く順序付けるケースにおいては、集約ルールもYをXより高く順序付けるべしという条件である。およそ常識的に定義されたあらゆる集約ルールは満場一致性を満たすし、独裁制のように特異なものでさえこれを満たす。というのは、もし全員がYをXより高く順序付けているならば、その「全員」のなかには独裁者も含まれているゆえ、独裁者の意向に従いYがXより高く順序付けられるからだ。

いよいよこれで不可能性定理を見ていくためのセットアップが完了した。

アローは一九五一年に出版した博士論文『社会的選択と個人的評価』の第一版で不可能性定理の原型を与えたが、後に証明に小さな間違いがあることが指摘され、一九六三年に出版した第二版で定理に修正を施し、不可能性定理を完成させた。アローは後年のインタビューで、第一版での間違いを知らされたときには「驚いたが、この定理のようなものは必ず正しいはずだ」と思ったと述べている。そうして得られたのが次の定理である。

アローの不可能性定理
二項独立性と満場一致性を満たす集約ルールは、独裁制のみである。

要するに、二項独立性と満場一致性を満たす集約ルールのうち、独裁的でないものは存在しないわけだ。アローはこの定理を「一般可能性定理」と名付け発表したが、内容的には「探していたものが存在しない」なので、不可能性定理と呼ぶのが適切であろう。アロー自身、後年のインタビューで、可能性定理と名付けたのは「スウィートな指導教授チャリング・クープマンスによる助言「不可能性定理とはあまりに悲観的だ」に従ったから」だと述べており、明るいメッセージを持つ定理と捉えていたからではない。

アローが成し遂げた貢献はこの定理に留まらない。そもそも彼は『社会的選択と個人的評価』において、このような定理の定式化を可能とする理論的枠組みをも構築したのだ。不可能

アロー（1921-）
提供：Jamie　Rector/Bloomberg via Getty Images

性定理はアローがその枠組みの有効性について自ら証しを立てたものでもある。この博士論文は二〇世紀後半の社会科学を席巻した。

そしてコンドルセ以来ほとんど途切れていた集約ルールの研究は、一躍脚光を浴びて急成長し、社会的選択理論という一つの学問領域が形成されるに至った。

それにしても「二項独立性と満場一致性を満たす集約ルールは、独裁制のみである」とは、見事に端正な定理の宣言文《ステートメント》である。独裁制という政治的平等の対極が、二項独立性と満場一致性から論理的に導かれてしまうのだ。悲劇のように響く結論は、定理の審美性を高めてさえいる。

だがこの定理に見とれていてはいけない。この定理に悲劇があるとすれば、それは審美のまなざしが定理に過剰な意味を見付けてしまうことだからだ。ケネス・J・アローは疑いなく二〇世紀を代表する経済学者の一人で、五一歳のときにノーベル経済学賞を与えられた。貢献の幅は多岐にわたり、『社会的選択と個人的評価』なしでもアローはその賞をたやすく射止めていたはずだ。神様のような存在である。しかしその不可能性定理を神話と混同してはならない。あくまでアローの不可能性定理は、二項独立性を要請すると、非常に残念なことが起こると告げるに過ぎないからだ。二項独立性など満たさなくてもよいと考えるなら、もはやこの不可能性定理の「不可能」に用はない。よりまともな条件を満たす集約ルールの探究を試みればよいだけだ。

村上泰亮の不可能性定理

念のため述べておくと、アローの不可能性定理において、満場一致性が果たす役割はきわめて小さい。これを明らかにしたのが村上泰亮《やすすけ》、昭和後期の日本で文明や経済体制の論客として知られた東京大学教授である。彼は一九六八年に“Logic and Social Choice”(邦題『論理と社会的選択』)という著作を出版し、そのなかで次のようにアローの不可能性定理を一般化した。

二項独立性を満たす集約ルールは、独裁制か逆独裁制のみである。

逆独裁制とはきわめて異常な集約ルールで、特定のある人物（逆独裁者）が存在して、他人がどのような順序付けを持っていようとも、その逆独裁者の順序付けの「真逆」が集団の順序付けとして採用されるというものである。

例えば逆独裁者がＸＹＺという順序付けを持っていれば、他人の順序付けとは一切無関係に、結果が「真逆」のＺＹＸとなる。仮に逆独裁者を含む全員がＸＹＺと順序付けていたとしても、結果は逆独裁者の意向の正反対ＺＹＸなので、満場一致性は満たさない。

アローと村上の不可能性定理を比べてみると、アローには満場一致性があり、村上には逆独裁制がある。つまり村上は、アローの不可能性定理において満場一致性が果たす役割は、逆独裁制を除外することだけだと明らかにしたのだ。すなわち満場一致性の役割は非常に軽微である。

残念ながら、アローの不可能性定理は二項独立性の内容を吟味されないまま、「少数の自然な性質だけで民主制の不可能性が示された」というように説明されることが少なくない。数学的な定式化に不慣れな人がよく分からないまま有り難がる、そのような人をターゲットに半可通が不可能性定理を売り込む、そうして「神話」が祭壇に祀られ人が踊らされている。

アローが不可能性定理と分析的枠組みを通じて社会科学の新たな地平を切り開いたことは疑いない。しかしその偉大さは、不可能性定理それ自体が持つ含意とは区別しておく必要がある。不可能性定理が教えるのはあくまで二項独立性の不可能であり、そして二項独立性はそもそも過度なまでに厳しい条件である。

ギバード・サタスウェイトの不可能性定理

アローの不可能性定理と分析的枠組みから生まれた、別の不可能性定理を一つ紹介しよう。単峰性が成り立つときには、中位ルールが耐戦略性を満たすのであった。つまり中位選択肢を選ぶ集約ルールのもとでは、誰にとっても「正直は最善の策」である。自分の考えを不正直に表明するメリットはない。

では単峰性が成り立たないときには、そのような集約ルールは存在するのか。結論からいうと、まともな集約ルールのなかにそのようなものはない。もう少し厳密にいうと、満場一致性と耐戦略性を満たす集約ルールには、独裁制しかないのだ。これをギバード・サタスウェイトの不可能性定理という。一九七〇年代に哲学者アラン・ギバードと経済学者マーク・サタスウェイトが、それぞれ独立に証明した。

ギバード・サタスウェイトの不可能性定理はアローの不可能性定理を援用して示すことができる。また、これら二つの不可能性定理を、並行的に同様のやり方で示すこともできる。両定理の社会科学的な含意は異なれども、数学的な構造は酷似しているのだ。

独裁制が耐戦略性を満たすのはなぜか。既述のように、独裁制とは、あらかじめ決まった特定の一人(独裁者)の意見をいつも採用するものだ。つまり独裁者がXを一番よいとするならXが採用されるし、Yを一番よいとするならYが採用される。他の人々は結果に一切影響を与えられない。

独裁者には不正直になるメリットがない。正直に告げた自分の考えがそのまま採用されるからだ。そして他の誰もが、そもそも不正直になっても結果に一切影響を与えられないので、そうするメリットがない。つまり誰も不正直になるメリットはない。

単峰性が成り立たないときには、こうした集約ルールしか耐戦略性を満たせないのだ。単峰性が成り立つ状況で、中位ルールのように優れた集約ルールが耐戦略性を満たしてくれるというのは、僥倖のようなものである。

3　実証政治理論

二大政党の政策競争

単峰性のもとで中位選択肢がペア勝者になると最初に発見したのは、これまで何度も名前が登場したスコットランドの経済学者ダンカン・ブラックである。彼は一九四八年に単峰性に関する論文を続けて発表し、それらの研究は、政治における選択行動を数理モデルに基づき分析する実証政治理論《ポジティブ・ポリティカル・セオリー》という新たな学問領域を生み出す契機になった。

そこで政党の政策競争を分析した嚆矢であるアメリカの実証政治理論家、アンソニー・ダウンズが一九五七年の著書『デモクラシーの経済理論』で繰り広げた二大政党制の考察をひとつ紹介しよう。

何か特定のテーマが争点となり、二大政党(民主党と共和党)がそれぞれ候補者を立て一つの議席を争う選挙を想像してみよう。有権者は政策に対して単峰的な順序付けを持っており、政党が政策を掲げると、有権者は自分の峰と近い政党の候補に票を入れる。

それを考慮したうえで政党が選挙に勝つことを追求するならば、いったいどのような政策を掲げればよいだろうか。例えば外交姿勢が争点だとして、取りうる政策を

a=穏健
b=やや穏健
c=どちらでもない
d=やや強硬
e=強硬

と類似性に基づき順に並べてみよう。有権者たちの峰の分布は「aが45%、bが13%、cが17%、dが13%、eが12%」だとする(図表4-5)。

仮に民主党がbを、共和党がcを政策に掲げたとしよう。aの支持者は、bとcでは、aに

図表 4-5

選択肢	a（穏健）	b（やや穏健）	c（どちらでもない）	d（やや強硬）	e（強硬）
支持率（%）	45	13	17	13	12

より近いbに票を入れる。よって民主党はaとbの支持者の計58%の票を得る。一方、共和党はcとdとeの支持者の計42%の票を得るが、民主党には選挙で勝てない。

実際、bは他のどの政策に対しても勝てる。例えば相手がaを掲げたとしても、aがbと対決して得られる票は45%であり、bは残る55%の票をすべて得て勝てる（cやdやeの支持者もbのほうがaよりマシ）。こうした力学から、二大政党の政策はともにbに収束する。両者がbを政策として掲げるので、結果としてbが実現することになる。

このbは中位選択肢、すなわちペア勝者である。二大政党のもとでの多数決は政策競争を通じて結果をペア勝者に誘導する機能を持つのだ。

実際の政党は、選挙に勝つことだけを考えているとは限らないので（信念やイデオロギーもある）、完全に中位選択肢を選ぶわけではない。しかしこの議論は、二大政党制のもとでの多数決には、両政党が採用する政策を中位選択肢へと向かわせる強い力が働くことを示している。

どれが中位選択肢になるかには少数意見も一定の影響を与えることができる。例えばいまの例だと有権者の12％しか支持しないeは少数意見である。だがこの12％がいなかったら、残る88％のなかでの中位選択肢はaである。つまりeを支持する少数派の存在は、中位選択肢として実現する政策を、aからbへと動かすわけだ。

中位選択肢はペア勝者である。ただしここで安易に、ペア勝者を導くとは二大政党制のもとでの多数決は性能がよい、と結論付けるのは禁物である。二大政党制といっても、「第三の候補者」は現れるし、二〇〇〇年のアメリカ大統領選挙のように、その出現が結果を一変させることもあるからだ。そもそもここでペア勝者を選びたいのならば、政党への間接選挙ではなく、中位ルールを用いた直接選挙で選択肢に投票するほうがはるかに確実である。ここでの議論が明らかにしたのはあくまで、二大政党の政策競争に多数決が与える圧力の性質である。

熟議と単峰性

コンドルセは議場における熟議を通じて、論点の明確化と、意見の差異が原則の差異に還元されていくことを重視していた（彼自身は熟議という単語は用いていないが、熟議と呼ぶに相応しいものを簡単に述べている)。これをコンドルセ流の熟議効果と呼ぼう。

大まかにいって熟議は、一九九〇年代あたりから、代表制下の政治エリートによる決定に、市民たちの熟議結果で政治に影響を与える直接的回路として注目を集めるようになった。コンドルセは代表制のメリットとして議場での熟議を述べたのであって、市民たちの熟議について述べたわけではない。しかしコンドルセ流の熟議効果は、現代の熟議民主主義論者らによる次の研究と親和性が高いものだ。ここで話が単峰性と絡む。

クリスチャン・リスト、ロバート・ラスキン、ジェイムズ・フィシュキン、イアイン・マクリーンら四人の研究者からなるチームは、熟議には論点を明確化して、選択肢への人々の順序付けを単峰的にする作用があることを、アメリカの熟議データベースを用いて突き止めた。四人とも高名な研究者だが、特にフィシュキンは現代の熟議民主主義の研究におけるリーダー的な存在である。

その諸成果は論文「熟議、単峰性、有意義なデモクラシーの可能性――熟議調査からのエビデンス」として、二〇一三年のジャーナル・オブ・ポリティクス誌に発表された。彼らが見付けた事実を大まかにまとめると次のようになる。

例えば発電の原料を、石炭、天然ガス、風力のどれにするか熟議するとしよう。選択肢は三つ、石炭、天然ガス、風力だが、これらは最初の時点ではただの、特に意味を持たない選択肢である。

しかし人々は会話を通じて、情報の交換を通じて、それらの意味を知り考えてゆく。例えば石炭なら価格は安いが環境に悪い、天然ガスなら価格はやや高いが環境にはわりによい、風力なら価格は高いが環境にはよい、といったことを彼らは知る。すると論点は「価格と環境のトレードオフ」なのだということに人々の思考は辿り着く。トレードオフの意味を付与された選択肢は、価格が安い順に(=環境に悪い順に)、石炭、天然ガス、風力と並ぶことになる。そして人々はそれらに単峰的な順序付けをそれぞれ持つ。

石炭を支持する者は価格を重視するという原則を選び、風力を支持する者は環境を重視するという原則を選び、天然ガスを支持する者はそれらの折衷を選び取ったわけだ。人々の順序付けが単峰的であるとは、彼らの判断に合意があるということではない。石炭と風力では、判断が正反対のようなものである。だが彼らはいずれも「価格と環境のトレードオフでどっちを優先させるかが論点である」という認識を共有している。

つまり彼らのあいだでは、選択肢を評価する焦点の次元について合意があるわけだ。クリスチャン・リストはこのことをメタ合意と呼んだ。全員でなくとも多くの人のなかでメタ合意が成立したとき、そのメタ合意の次元のもとでの中位選択肢はペア勝者となる。

メタ合意を成立せしめた次元は、あくまで焦点となった次元であり、選択肢の内容すべてを包摂するわけではない。例えば、天然ガスの輸入にパイプラインを使って供給を一国(ロシアなど)に依存するとエネルギー外交上で不利になるといった、地政学的な次元はここでは無視ないし軽視されている。

4　最適な改憲ハードルの計算

64％多数決ルールと改憲

一つのメタ合意が取れない、あるいは取るべきでない法案の審査で注意すべき点は何なのだろうか。これから、この問いを端緒として、憲法改正には何％の賛成が必要かを考えていこう。

ポイントとなるのはやはりサイクルだ。

法にはピラミッドがあり、憲法、法律、政令、省令、条例といった優先の序列がある。ピラミッドの上に行くほど内容は抽象的な一般性を帯び、下に行くほど具体的な特殊性を持つ。それゆえ上位の法ほど多数の次元に関わっている。だから上方の法を策定するとき、単峰性から中位選択肢を選ぶというようにはいかない。単峰性のもとでの中位投票者定理は、あくまで争点が一次元のときのみ成り立つ結果だからだ。そもそも二次元以上になると、峰たちのなかに「真ん中」はなく、中位選択肢に該当するものは存在しなくなってしまう。

よってサイクルは発生し、これは(上位の)法の改正において次の問題を引き起こす。現行の法をYとしよう。ここで改正案としてXが出された。過半数の有権者はXをYより支持しており、多数決だとXがYに勝つ。だがこれをもってXがYより適切だと判断することはできない。なぜなら他の改正案Zが潜在的に存在して、ある過半数がZをXより支持し、またある過半数がYをZより支持することが起こりえるからだ。

このときサイクルXYZXが生じるので、ペアごとの多数決はこれら三つの法文へ優劣を付けることができない。法改正は、見かけは「イエス・ノー」の二択だが、提出された改正案はあくまで可能な選択肢の一つであり、他の取りうる選択肢との比較関係には常に置かれている。

よって過半数が法の変更を認めるとしても、それが正当なものか否かは定かでない。理想的には満場一致での可決が望ましいが、満場一致の要求は厳しすぎて問題を生むことも多い。各自の拒否権の強さゆえかえって反対がしにくい、満場一致へ従う暴力的圧力が反対者へ向かう、ハードルが高すぎて手続きを無視する奴が出てくる、などである。

満場一致と過半数のあいだには無数の分け方がある。ルソーによる原則のひとつには「重要なものほど満場一致に近づくべし」があるが、具体的には何割での可決を認めればよいのだろうか。そこで基準となるのがサイクルの除外である。

いま有権者のｔ％（ただしｔは50より大きい値）の支持があるときにのみ、法の変更を認めることにしよう。通常の多数決より可決が難しい、ｔ％多数決である。このときＸＹＺＸのようなサイクルが起こらないためには、ｔの値はどれほど高ければよいか。極端にｔが100であるとする、つまり満場一致のときのみ変更を認めるとするならサイクルは起こらない。だがｔが100とはあまりにハードルが高すぎる。もう少し下げられないものか。

いったいどこまで下げても、ＸＹＺＸといったサイクルを発生しないでいられるのか。その下限は具体的に、100と50の間のどの値なのだろう。

この問題はブラックによる一次元の単峰性モデルを多次元に拡張したモデルで数理的に扱うことができる。そしてこれはプリンストン大学の経済学者アンドリュー・カプリンとバリー・ネイルバフが、凸《とつ》多様体についての技術を駆使して解ききった。彼らは結果を「64％多数決ルール」という論文にまとめ、一九八八年のエコノメトリカ誌に発表している。

ここでは結論だけを述べよう。カプリンとネイルバフは、選択肢が関わる意味の数（選択肢が点として属する次元の数）がmのときに、サイクルの非発生に必要な割合を、mを変数として計算し値を求めた。mが増えるにつれその値は増加していき、最終的には約63.2％になる。

つまりこういうことだ。法改正の可決に必要な割合がおよそ63.2％を超すとき、その割合に対してのサイクルは決して発生しない。カプリンとネイルバフはこの結果を、63.2を超す最少整数である64を採って、**64％多数決ルール**と呼んだ。

つまりＹからＸへの法改正について64％の支持があれば、どのようなＺも、64％を可決ラインとしてＸＹＺＸのようなサイクルを生み出すことはあり得ない。すなわちこのときＹからＸへの法改正は、多数意見の反映としての正当性を確保できる。

現行の改憲条項は弱い

日本国憲法の第九六条は、憲法の条文を変えるときには、衆議院で三分の二以上の賛成、参議院で三分の二以上の賛成、そののちに国民投票で過半数の賛成が必要と定めている。三分の二とは64%と非常に近い値なので、私たちは次のように言ってしまいたくなる。すなわち第九六条は64%多数決ルールの議論と整合的である、起草者がどこまで考えていたかはさておき、よく出来ているのだと。だがよく考えてみるとそれは違う。64%多数決ルールの観点からは第九六条は弱すぎるのだ。

これはなぜかというと「衆参で三分の二」が見かけ以上に弱いからだ。特に現在の日本では衆議院選挙で小選挙区の割合が多く(残りは比例代表)、得票率が高くなくとも圧勝する「地滑り的勝利」が容易になっている。三分の二の議席を得るのに三分の二の有権者の支持はいらない。仮に選挙区が300あるとして、そのうち200の選挙区で最多の支持を受ければ十分である。例えば二〇一四年一二月の衆議院選挙では、自由民主党は全国の投票者のうち約48%の支持で、約76%の議席を獲得した。

参議院選挙は小選挙区制ではないが、大都市を除くと一人区や二人区の割合は高く、選挙制度の変更を重ねるごとに小選挙区制寄りになってきている。二〇一三年七月の参議院選挙で自由民主党は、選挙区で約43%、比例区で約35%の得票率を得たが、それにより約54%の議席を獲得した。

改憲を強く求める者のなかには「衆参いずれかで三分の一の議員が反対すれば改憲できないとは厳しすぎる」と言う者がいるが、このように考えると、そうでもないことが分かる。現行の第九六条のもとでは、過半数の有権者が望むなら改憲は可能なのだ。選挙で三分の二以上の議員を衆参両院に送り込み、両院が改憲への国民投票を認めたのち、改憲賛成に票を投ずればそれはできる。

本来なら憲法は法律を上位から縛るものだが、公職選挙法が小選挙区制を通じて、下から第九六条の実質を変えてしまっているのだ。現行の第九六条が与えているハードルは実質的には三分の二ではなく過半数であり、過半数とは多数決で物事を決めるときの最低可決ラインである。64%多数決ルールの議論が与えるメッセージは、第九六条における国民投票の可決ラインを、64%程度まで引き上げるべきだというものだ。

結論をまとめよう。第九六条の擁護として「人間は判断を間違いうるから現行の三分の二条件を尊重せよ」とはよく言われる。また改憲の硬性は、多数派の暴走が少数派の権利を侵害することへの歯止めだとしても重視される。

これらの考えは確かにその通りである。しかし、そもそも多数決は、人間が判断を間違わなくとも、暴走しなくとも、サイクルという構造的難点を抱えており、その解消には三分の二に近い値の64％が必要なのだ。そしてまた小選挙区制のもとでは、半数にも満たない有権者が、衆参両院に三分の二以上の議員を送り込むことさえできる。つまり第九六条は見かけより遥かに弱く、より改憲しにくくなるよう改憲すべきなのだ。具体的には、国民投票における改憲可決ラインを、現行の過半数ではなく、64％程度まで高めるのがよい。

第5章　民主的ルートの強化

1　立法と執行、主権者と政府

立法権としての主権

平和や安全は人間の生存に本質的である。だが異なる信念や価値観を持つ人間が互いに不寛容であれば、そうした秩序の獲得は難しく、また秩序ができてもその維持は日々の細心の注意を必要とする。戦争や内戦やテロなどは、その失敗の結果として起こる無秩序《アナーキー》である。だが異なる信念や価値観のあいだで原理に対立はあれども、それが暴力の形で表れるのを抑制し、平和や安全をなんとか保つことはできないか。

一五七二年にカトリックがプロテスタントを大量に殺戮した、聖バルテルミーの虐殺をきっかけに、当時のフランスの政治思想家ジャン・ボダンは、強くそう考えるようになった。そして彼は、主権を信念や価値観よりも上位に置いて国家に秩序を生み出す、近代主権論を定礎したのであった。ルソーの『社会契約論』はそれから約二〇〇年後の作品だが、ボダンのなかにはその萌芽を見付けることができる。主権による制御のもとに平和や安全――ルソーの場合はさらに自由の諸概念などが加わるが――を確保しようとする点だ。

さて、ボダンは『国家論』の冒頭で、「主権は本質的なことでありながらも、これまで法律家や政治哲学者は定義を与えたことがない」と述べた。これはおそらく多くの現代人にとっても同様で、主権という言葉は知っていても、それが何か説明するのは難しいのではなかろうか。では具体的に主権とは何か。ボダンによると、主権とはつまるところ立法権である。国家が有する高度な諸権能、例えば政府高官の任命、宣戦布告、最終審などは、いずれも法を与え廃止する権力に由来させられるからだ。第3章で見た通り、ルソーは立法権としての主権という この考えを受け継いでいる。

ボダンは国家の特徴を単一不可分な主権を有することだと論じ、その在りかによって政体を分類した。例えば、主権が一人の君主のもとにあれば君主制、貴族たちのもとにあれば貴族制、すべての民衆のもとにあれば民主制である。ボダン自身は君主制が最も望ましいと論じた。

しかしボダンによる主権の考え方を、思想の水脈のなかで引き継いだルソーは、国家を正統ならしめるのは社会契約のみだと立論し、主権の所在は契約当事者の全体である人民にほかならないと帰結したのであった。これが第3章で述べた人民主権である。

執行と政府

法の執行とは何か。まず、法は、個々の特殊な対象に対して作られるわけではない。あくまで対象は一般である。例えば傷害についての刑法なら、個々の特殊な傷害事件に対してではなく、一般に傷害として括られる事件たちに対して作られる。それゆえ法文には相応の抽象性が必要である。

これには二つの理由がある。まず、あらかじめ個々の特殊な対象に対して法をすべて用意することはできない。次に、個々の特殊な対象に対しては、市民のあいだで利害に差が出やすく、また当事者性の薄い者には適切な判断が難しいので、一般意志に基づく法の審議が期待できない。

法はあくまで一般を対象とし、それは個々の特殊な対象に対して適用される。さて、主権は譲渡しえないゆえ、ルソーは代表——典型的には国会議員——による立法を否定するのであった。だが彼も、法の執行は、代表たちからなる執行専用の機関が行うべきだと考えていた。そのための機関が政府である。彼の構想では政府とは、あくまで法を執行するための「雇われ人」に過ぎない。

ルソーの人民主権論における権力関係は上から下へと垂直的である。すなわち主権を持つ人民が一般意志の行使として立法を行い、政府が法を個々の特殊対象に適用する。イメージとしては、人民は一個の主体、一般意志は頭脳、立法は頭脳による命令、政府は手足として命令に従い動く、といったものだ。

だがいったい、命令は手足を実際上、どこまで統御できるのだろうか。あるいはどうすればもう少しうまく統御できるのか。話の抽象度が高くなってきたところで、筆者の身近にあった具体例に移ろう。

立法と執行

線路の上をまたがる橋のことを跨線橋《こせんきょう》という。何年か前、筆者が自宅から駅に向かうため跨線橋を歩いていると、橋の幅を拡張する工事が始まっていた。確かに橋の幅は広くない。しかしそれで何か問題があるわけではなく、工事の必要性はよく分からなかった。

とはいえその後、工事が終わると、通勤ラッシュ時の混雑は軽減されることになった。筆者を含むその街の住民は、工事の恩恵をいくらか受けたといってよいだろう。しかし、もともと存在した跨線橋の拡張である。生活基盤を整えたり、街自体を活性化したりといったことにはならない。

後にその工費が五億円を超すと知って驚いた。いったいその工事は五億円以上もかけて行われるべきだったのだろうか。公共事業はいつの間にか実施が決まっており、住民が決定に関与できるチャンスは実質的にない。工費の情報は静かに公開されるだけで、広いアナウンスはなされない。そもそも、なぜその工費を使うだけの価値が、他でもなくその工事にあるのか、説明されることはまずない。

しかしながら、もちろん跨線橋の工事への反対運動は起きなかった。立ち退く者もおらず、自然環境がつぶれるわけでもなく、そのための特別な費用を徴収されることもないままで、暮らしがほんの少し便利になるからだ。このような工事は日本の至る所でなされており、光景としては見慣れたものである。

しかしそのような工事を行う権力は、主権者である国民に由来する民主的なプロセスを経て行使されるものなのだろうか。ここで民主制の実質と形式を区別する必要がある。それを怠ると、実質的には民主的でないものが形式を満たすがゆえに民主的とみなされてしまう、錯視が生じやすいからだ。

日本国憲法は、主権が国民に属するという次の前文からはじまる。

日本国民は、正当に選挙された国会における代表者を通じて行動し、われらとわれらの子孫のために、諸国民との協和による成果と、わが国全土にわたって自由のもたらす恵沢を確保し、政府の行為によって再び戦争の惨禍が起ることのないようにすることを決意し、ここに主権が国民に存することを宣言し、この憲法を確定する。そもそも国政は、国民の厳粛な信託によるものであって、その権威は国民に由来し、その権力は国民の代表者がこれを行使し、その福利は国民がこれを享受する。

ただし立法権としての主権は、国民の手元に残されるわけではない。実際、憲法第四一条は「国会は、国権の最高機関であって、国の唯一の立法機関である」と定めており、国会が立法権を独占している。国民による直接的立法のルートはない。いうなれば国民は、信託する代表たちに立法権を余さず譲渡しているわけだ。

さらにいえばこの立法権はどこまで執行に関与できるのだろうか。

例えば東京都建設局が、国からの補助金を得て、都内に道路を建設する計画を立てたとしよう。これを実行するには(第一号法定受託事務として)事業認可申請が必要である。事業認可申請とは、施行者である東京都が、認可権者である国土交通大臣へ、事業を認定してもらうための申請である。事業が認められるとは、国土交通大臣が、その実施を行政処分として出したということだ。つまり事業認可申請とは、行政処分という「命令」を自分に出してもらうための、下から上への要請である。この手続きは都市計画法第五九条に基づくが、その行政処分がなされると、東京都は事業実施のために強制立ち退きや森林伐採を含む強力な権限を手に入れることになる。

当然だが、都市計画法第五九条は、国民に選出された国会議員からなる国会で認められたものだ(一九六八年六月一五日公布)。そして国土交通大臣は内閣の一員であり、内閣の役割には「法律を誠実に執行し、国務を総理すること」(憲法第七三条一号)がある。国土交通大臣は行政処分として、国会で認められた法を執行するというわけだ。

形式としては「主権者である国民が国会議員を選出し、国会議員が法を定め、内閣の一員がそれを行政処分によって執行する」ということになる。しかしこの形式の確保を、実質の充足と真に受けてよいのだろうか。もちろんそうではない。

実際には、そもそも国土交通大臣は、個々の事業認可申請を逐一審査するわけではないし、申請を拒否することもまずない。申請する側の決定力が非常に強いのだ。また、事業の直接的な利害関係者であっても、その決定に関わるルートは閉ざされている。立ち退きを迫られる者、森林の保護を望む者、道路の利用者など、いずれもである。

現実的には主権者は、立法にも執行にもほとんどまったく関われない。しかし先ほどの形式の確保を民主制の成立と錯視すると、現行制度は「民主的」と目に映ることになる。人々が声をあげたとしても、すでに制度を民主的だと思い込んでいる者は、そのような声をノイズとしてしか受け付けないだろう。

この問題が典型的に現れたのが、次に述べる都道328号線問題である。

2　小平市の都道328号線問題

半世紀眠っていた計画

小平《こだいら》都市計画道路3・2・8号線建設問題（以下、都道328号線問題）とは、東京都小平市に約二五〇億円かけて作られる予定の、ある都道の建設への賛否をめぐる問題である。まずはこの問題の概要を説明しよう。

一九六三年に東京都は、都道328号線を、小平計画道路として都市計画決定した。この路線は国分寺市東戸倉二丁目から小平市小川町一丁目を結ぶ、約一・四キロメートルの幹線道路である。主な目的は交通渋滞の解消だが、その後、計画は実質的に進まない。

その後、二〇一二年に東京都が国土交通省に事業認可申請を行う見通しになる。それにより反対団体が結束して、「小平都市計画道路に住民の意思を反映させる会」（以後、「反映させる会」と略称）が発足した。

「反映させる会」が工事を見直すべきと考える理由はいくつかある。まず、すでに都道328号線の予定地の隣には府中街道があり、それが実質的に幹線道路の役割を担っている。さらに、人口と車が減少する現在では、東京都による「今後、交通量がかなり増加する」という予測に疑問がある。そして予定地には、人が集い、動植物も多い雑木林が含まれており、また約二二〇世帯、計八〇〇人の立ち退きが必要である。こうしたなかで、半世紀前に計画された工事を二五〇億円かけて行うべきなのか。

一般の人々が行政機関による事業に対して「何かおかしい」と感じても、その意思を効果的に表明することはきわめて難しい。行政機関による「説明会」がなされるときには、すでに事業の計画は実質的に確定しており、反対意見を述べてもそれが考慮されることはまずない。デモや行進は意思表明の方法ではあるが、行政ルートを通じた制度的な働きかけではなく、無視されやすい。かろうじて存在するルートが住民投票である。

それゆえ「反映させる会」は都道328号線について、小平市の住民投票で「住民参加により計画案を見直すべき」か「計画案の見直しは必要ない」かを問うよう活動することにした。

住民投票の結果に法的拘束力はない。それにもかかわらず実施に至るハードルは非常に高く、

都道328号線予定地の一部である雑木林

この場合は「反映させる会」が、請求を届け出た日から一カ月以内に、全有権者の5％以上の署名を集める必要があった。それが集まると、市長が意見を付して、議会で住民投票の実施を審議し採決することになる。ただし、どれだけ署名が集まっても、議会で否決されたら住民投票はなされない。日本にはこのような住民投票を実施する法律が整っておらず、行うためには議会で個別に条例を制定せねばならないのだ（だから議会で否決ができる）。

最終的に「反映させる会」は十分な署名を集めることができ、さらに議会で住民投票の実施はいったん可決された。だが、ここでさらに高いハードルが課される。

小平市の小林正則市長が「投票率が50％に満たない場合は開票しない」という成立条件を求め、それを含む修正案が議会で可決されてしまったのだ。小林市長の主張をまとめると、投票率が50％に満たない住民投票の結果は、小平市民の意思として認められないということだ。なお小林市長が当選した小平市長選の投票率は約37%であった。

結局、二〇一三年五月二六日に行われた住民投票の投票率は約35%となり、小平市は開票しなかった。「反映させる会」側は、開票するよう東京地裁に提訴したものの、二〇一四年九月五日に敗訴の判決が出された。投票箱の中身はいまだ誰も知らないままである。

哲学者の國分功一郎氏は、「反映させる会」のメンバーとして都道328号線問題にコミットし、マスメディアでもたびたびそれについて言及してきた。同氏は著書『来るべき民主主義——小平市都道3 2 8号線と近代政治哲学の諸問題』で都道328号線問題を軸に、近代政治哲学が想定する主権に基づく統治の困難を論じ、その困難を克服する手法を探っている。

同氏が指摘する主権に基づく統治の困難とは、立法が執行を制御できないということである。しかし「主権者である国民が国会議員を選出し、国会が立法し、行政機関はそれを執行する」という形式があるゆえ、現行制度は国民に由来する正統性を持ち「民主的」である、という理屈がまかり通る。だが行政機関による執行には、実際上のきわめて広い裁量があり、そこで独自の決定ができる。

執行権力は強いというのは、政治や行政をある程度知る者には、常識的な事実かもしれない。

だがそのような者は必ずしも多いわけではない。また、いまある現実は、あるべき姿と混同されがちである。「いま現実がこうだから、それが民主制なのだ」という混同が起こるのだ。執行が強力であることは、ときに「民主的なプロセス」の一部として安易に位置付けられてしまう。すると行政機関は当事者である住民の声を聴く必要がないばかりか、その声は「民主的なプロセス」を阻害するノイズにさえ扱われてしまう。

執行を担当する行政機関へ、有権者が直接関与するための手法のひとつが、住民投票である。國分氏が強調するように、これは議会制度を否定したり根本から作り変えたりすることではない。それは人々が行政に直接関われるルートを、政治体制の補強パーツとして追加していくことだ。だが都道328号線についての住民投票では50％の成立要件を課されたゆえ、開票さえされなかった。

ところで「政治に文句があるなら自分が選挙で立候補して勝て」といった物の言い方がある。何を根拠としているのか不明だが、それを口にする者の頭のなかでは、それが「ゲームのルール」なのだろう。だが、わざわざ政治家にならねば文句を言えないルールのゲームは、あまりにプレイの費用が高いもので、それは事実上「黙っていろ」というようなものだ。人々に沈黙を求める仕組みはまったくもって民主的ではない。

だが住民投票の開票さえ行わないとは、上げた声の強制的な沈黙化ではあるまいか。これだけでもそれは強い非難に値する。さらにいえば投票率が「低い」という扱い自体、少し考えてみると奇妙なものだと分かる。

成立要件の不当性

小平市の住民投票における投票率35%は果たして低いといえるのか。そこでルソーの指摘「個々の特殊対象については、立法において、人々のなかで利害関係に差が出やすく、また当事者性の薄い者には適切な判断が難しい」へ立ち戻り、この問題を考えてみよう。

まず都道328号線は小平市のどこに住むかで利害関係に差が出やすい。立ち退きたくない人や緑豊かな自然環境を求める人と、そうではない人たちとの間には利害に大きな隔たりがある。さらには都道328号線とも雑木林とも生活に関わりがない人は、当事者性を持ちにくい。そもそも都道328号線が通るのは小平市のごく一部で、長さはわずか一・四キロメートルに過ぎない。人によって道路から得る利便も大きく異なる。

つまり都道328号線問題は、人々の十分な関心を集められなかったというより、問題の性質上、多くの人にとっては自分の生活と直接的な関連が弱いわけである。関連が強いはずの市長選での投票率が37％だったことを考えれば、35％とはきわめて高い。「弱関連だが強関心」な有権者を多く集めたといえよう。

有権者の資格をどう設定するかで投票率は大きく変わることにも注意せねばならない。例えば有権者を小平市民だけでなく、東京都民(あるいはいっそ全国民)にしていたら投票率はさらに下がっただろう。どこか遠くの市で一・四キロメートルの道路を新設すべきかなど、自分と関わりの薄い問題だからだ。投票しなかった小平市有権者の65％はこの層を含む。逆に、328号線の近隣住民だけに有権者を絞れば、あるいはその辺りの道路の利用者だけに有権者を絞れば、投票率は大きく上がったはずである。

また、小平市民でない者は、328号線の新設を強く希望していても、あるいは雑木林の保存を強く願っていても、その意思を表明する機会は与えられなかった。雑木林を訪れることはなくとも、その保存を願い、何ならそのための費用をいくらか負担してもいいという者も世には少なからずいるだろう。価値は使用のみならず、存在にも由来するからだ。

住民投票の有権者が小平市民（の成人）とされたのは、単なる行政上の区分として、それで線引きせざるをえなかったからだ。制度上やむを得ないとはいえ、問題の性質上、恣意的な線引きであることには変わりない。そのもとで50％の投票率を開票要件と定めるのは不当というより暴挙である。

3　公共財供給メカニズムの設計

自分たちで決められないのか

都道328号線は、それがなければ人々の生活に大きな支障をきたすものではない。すでに実質的に幹線道路の役割を果たす府中街道が隣を走っているからだ。そしてまた小平市民のなかでも、さらには日本人のなかでも、人によって重要性は大きく異なる。つまり一般利益というよりは、特殊利益に属する。

既述のように、ルソーにおける法案審査では、人々は「自分だけを優先させろ」という心持ちから離れ、「私たちに何が必要か」と熟議的理性を働かせることが求められていた。だがこれは同時に、法が対象とするのは、そのような熟議的理性の行使が可能となるものだけだという限定でもある。それゆえ法を執行する機関である政府が有する役割の数は、決して多くはない(一つひとつの役割の重要性、例えば再分配や刑事司法の重要性は大きいが)。

ひるがえって、現代の日本を含む多くの国々では行政機関が——都道328号線のように——特殊利益に関するさまざまな事柄にもサービスを提供している。これは「自分たちのことを自分たちで決める」民主制の理念とは必ずしも相性がよくない。だがサービス提供には専門知識が必要だし、個々のサービス提供に際していちいち主権者の許可を取るのは手間も時間もかかる。行政機関が裁量を多く持つほうが社会の複雑化やスピード化に対応しやすい。主権者もそのほうが便利だろう。これは主権の力に由来する正統性と相克する、主権者の利便性に由来する正統性である。だが、当然ながらその正統性が成り立つためには、提供するサービスが実際に主権者の利便性に適合する必要がある。

さて、特殊利益についての決定への関与の仕方は、法や投票によるもののみではない。そもそも特殊利益の最たるものは、人々が自分のために買って使う私的財だが、それを調達するのは通常は市場である。そして市場は、概ねの評価として、私的財を効率的に配分するのに優れている。では特殊利益の性質が強い公共的サービスについても、有権者が買い物のように選択する制度を構築できないものなのだろうか。

そもそも行政機関には、あるサービスが、主権者の利便性に適うか否かを判断する能力は乏しい。これは単に、彼らはサービスの受益者ではないという理由による。ただ一人の人間に対してでさえ、その人が何をどれだけ欲しているのか、他人が推し量るのは難しい。ましてこの場合、相手は多数の人間である。人によってどれだけ欲するかも大きく異なる。次の言葉は直接制を積極的に擁護する現代の論者イアン・バッジによる。

……普通の市民が、彼らにかくも大きな影響を及ぼす公共政策について、どうして議論したり決定したりしてはいけないのか、という問いかけをである。消費者として、彼らは際限なく多種の財の中から選ぶよう促されている。市民として公共財の中から選ぶことも、彼らに不可能だということがあるだろうか。（イアン・バッジ（杉田敦ほか訳）『直接民主政の挑戦』）

だがバッジによるこの考えを、制度として実装するためには工夫が必要である。公共財は私的財と異なり、人々が共同使用するものなので、「お金は払わないが使う」という、いわゆるフリーライド(ただ乗り)が発生しやすいからだ。

つまり行政機関が「この公共事業プランにあなたはいくらまで支払ってよいですか」と聞き、その金額に応じて各自の支払額を算定するとしたら、大抵の人々は正直に答えないだろう。たとえそのプランを高く評価していても、本当に払ってよいと思う金額より少なく申告するからだ。これは経済理論でも経済実験でも多くの場合そのような結果が出る。そのとき十分な水準の公共財は供給されない。

しかし「人々は公共財に対してフリーライドする」という発想は、公共財の供給問題を人々に自由に決めさせるわけにはいかない、という姿勢を導きやすい。その姿勢を有する行政機関は、独自の判断で人々のニーズを把握したつもりになって、公共財の意思決定を独断的に行うことになる。しかもそれは形式的に「民主的」な制度の外套をまとっているのだ。

もう少しまともな制度、自分たちで自分たちのことを決められる、実質的に民主的な制度はないのだろうか。

メカニズムデザイン

フリーライドを避け、人々のニーズを正しく把握したうえで公共事業を実施するための仕組みは果たしてあるか。そのような制度設計を試みるのがメカニズムデザインである。これは近年、目覚ましい発展を遂げている経済学の一分野で、ゲーム理論や経済実験などを活用して、分権的な制度(メカニズム)を設計しようとする。

分権的とはどういうことかというと、都道328号線問題でいえば、各個人から道路工事総体への評価を金額として聞き出して、それと建設費用二五〇億円を勘案したうえで、社会全体として便益が高まる選択を行うということだ。つまり、行政機関が独自に「この選択のほうが社会全体として便益が高まる」といった判断をしない。

その際に人々は、道路や雑木林の必要性や立ち退きなど、諸要素を考慮して、ひとつの金額を自身の評価として申告する。どうやってその金額を聞き出すかがメカニズムデザインによる工夫のしどころだが、その中身に触れる前に、金銭単位で測ることの意義を述べておこう。

まず、メカニズムデザイン以外にも、雑木林や住民コミュニティの価値を金銭単位で測る経済学的手法はある。例えば環境経済学には、環境評価という手法があり、人々の行動や意見に基づいて統計的に自然環境の金銭価値を計測する技術が多く確立されている(行動に基づくのが顕示選好法、意見に基づくのが表明選好法)。そうした経済学的手法の特徴は、金銭単位で費用や便益などの価値を計測することである。なぜそのようなことをするのか。

金銭単位で一次元にまとめてしまうのは乱暴だという批判は当然ありうる。確かにそれは乱暴なことだ。雑木林や人間コミュニティはかけがえのないものではないのか。おそらくそうだろう。しかし、かけがえのないものほど価値の明示化は難しく、それはないもの、あるいは無価値なものとして扱われやすい。貴重な自然環境が容易につぶされてしまうのは、そこに値札が付いていないからでもある。値札を付けないと大事にできないのかという反論はむろんできる。だが値札を付けなければ大事にしてもらえないという状況は無視できない。

金銭単位を重視する価値観そのものが問題だというのが正論でも、価値観同士の対立に中立的な法廷を用意するのは容易ではない。そのような「神々の争い」の場面では、「政治が判断する」と口にする裁定者が議場から現れて、自分に都合のよい判断を行うだけだ。

だが雑木林や人間コミュニティなど、都道新設により失われる損失を社会的費用として金銭単位で出したなら、次のように迫ることができる。いったい都道新設により発生する社会的便益はいくらなのか、それはどのような積算根拠に基づくのか、と。こうなるともはや「渋滞の解消」や「工事では環境へも配慮」という言葉だけで工事を正当化することはできない。金銭に基づく裁定は中立性が高いのだ。

さらにいうと、金銭単位を尺度とすることは、決して「カネだけで決める」わけではない。それはカネだけでなく、環境やコミュニティを尊重したい人間の感情へも配慮して決めるやり方である。金銭単位を尺度としつつも――それへの違和感は払拭できなくともおそらくは唯一可能な共通の土俵として――、多くの要素を取り込み中立性の高い審査を行える。

クラークメカニズム

メカニズムデザインでは、これまでさまざまなメカニズムが作られてきた。ここでは米国の政府系経済学者、エドワード・クラーク博士が一九七一年に開発したクラークメカニズムの概要を説明しよう。

ステップ1　行政機関が複数の案を人々に提示する。例えば道路なら「作る、作らない」、あるいは「プランA、プランB、作らない」のように。

ステップ2　各有権者は、各案を金額で評価する。金額はプラスでもマイナスでも構わない。その値を評価値というが、それがプラスなら便益を、マイナスなら不効用を表す。評価値は各個人が心のうちに持つものであり、通常は他人や行政機関には分からない。

ステップ3　行政機関は、各個人に、それぞれの案への評価値を申告してもらう。「棄権」は可能で、それはすべての案にゼロの評価をしたものとして扱う。

ステップ4　行政機関は、各案について「評価値の和から費用を引いた額」（純便益）を計算する。純便益が一番高い案が採用となる。プランAもプランBも純便益がマイナスとなり、作らないという純便益ゼロの案が採用ということはもちろんある。

ステップ5　各個人はクラーク博士が考案した公式に基づき、行政機関と金銭移転を行う。つまり各個人は行政機関にお金を支払ったり、逆に受け取ったりする。その公式を厳密に論じるためには数学的な定式化が必要であり、本書では行わない（巻末の参考文献を参照）。そして行政機関の手元に残るお金で工費はカバーできる。

クラークメカニズムでは、各案への評価はプラスのものもマイナスのものも、費用と合わせて、純便益の計算に組み入れられる。都道でいえば、敷設を求める人はプラス、雑木林を守りたい人はマイナスを申告する、というように。

では人々は正直に評価値を申告するのだろうか。例えば「道路があると少しだけ便利になる」程度の人が、「ものすごく道路がほしい」といった大きなプラスの評価値を申告したり、逆に「雑木林があると少しだけ嬉しい」程度の人が、「ものすごく雑木林を守りたい」といった大きなマイナスの申告をしたりというような、いわば虚偽申告は起こらないのだろうか。

そしてこれがクラークメカニズムの巧妙な点なのだが、クラーク公式により定められる金銭移転ルールのもとでは、誰もが正直に評価値を申告するインセンティブを持つ。虚偽申告をして損をするのは本人なのである。

例えばステップ3で有権者が過度にプラスな申告をすると、道路を敷設する引き換えに「そこまでは支払いたくない」というような、あるいは逆に過度にマイナスな申告をすると、雑木林を守る引き換えに「そこまでは支払いたくない」というような、お金の支払いが求められるのである。よって当初の懸念であったフリーライドの問題は解消できる。

このように、「正直は最善の策」となるメカニズムの性質を耐戦略性というのであった（第4章で既述のものと同じ）。クラークメカニズム以外にも耐戦略性を満たすメカニズムは存在するが、それらはVCGメカニズムという、ある数学的形式を持つことが知られている。

なお、VCGのVは経済学者ウィリアム・ヴィックリー（Vickrey）の頭文字である（CはクラークClarke、GはグローヴスGroves）。ヴィックリーはオークション市場の設計や耐戦略性を研究した先駆者で、一九九六年にノーベル経済学賞を与えられた。クラークメカニズムは公共財供給の仕組みでありオークションではないが、「高値が付くよう選ぶ」点はオークションと同じである。ただしここでの「高値」は売り手の収益ではなく、社会全体の純便益についてのものだ。

新しい制度へ

クラークメカニズムのようなものは、まだ一般に知られてはおらず、その利用は想像しにくいかもしれない。実際、ヴィックリーにはじまるオークションの研究は、昔は何の役に立つのか分からないとされていた。しかし今では多くの国の政府が主催する周波数オークション市場（電波通信事業者へ各帯域・地域の周波数免許を販売）やIT企業主催のオンラインオークション市場の設計で、知識が広く活用されている。

例えば米国の周波数オークションだと、その累計収益は八兆円を超しており、それが国庫に入った。オークション方式を設計したのはスタンフォード大学のポール・ミルグロム教授らで、彼らの専門知識に基づく新設計がなければそこまで高額な収益には至らなかったことは間違いない。

そして日本は先進国で事実上、唯一の周波数オークション未導入国である。自民党が長く周波数オークションの導入に反対しており、総務省が周波数免許を、電波通信事業者（テレビ局や携帯電話会社など）に格安で与えている。だがこれは実質的には、一般国民から特定の電波通信事業者やヘビーユーザーへの所得移転政策にほかならない。政治的不平等が、経済的不平等を導いているのだ。

近年の経緯を述べると、二〇〇九年に衆院選で勝利し政権交代を果たした民主党は、マニフエストで周波数オークションの導入を主張していた。だが二〇一二年に同党の野田政権が倒れたとき、そのための電波法改正案が同時に廃案となった。そして自民党に政権交代したのち二〇一三年には、安倍政権は周波数オークションを実施しない方針を発表、さらには携帯電話事業者の払う電波利用料を「公共性が増した」ゆえ、値下げすることにした。なお、テレビ局には「公共性が高い」ゆえ、もとから電波利用料の大幅な軽減措置がある(二分の一の軽減措置)。権益化している周波数免許を民主化する目途は、依然として日本では立っていない。

日本人の多くは周波数オークションには馴染みがないし、また違和感を覚える人もいるだろう。だがほぼすべてのOECD加盟国ですでに受け入れられ、有効な政策ツールとして使われている制度である。もし「公共性が高い」日本のテレビ番組がこうしたことを積極的に社会問題として報道してくれれば、多少は事態が変わりそうなのだが、その様子はない。

さて、クラークメカニズムなど公共財供給メカニズムの導入は、現行の代表民主制のあり方に根本的な変革を迫るのだろうか。そのようなことはない。画期的だが革命的ではない。

実際、人々がメカニズムを通じて事業実施の決定に直接関与することは、議会や行政機関の存在意義を否定しない。テーマを提案したり、場を取り仕切ったり、監視したりする主体が必要だからだ。

例えば、新たな都道をある場所に建設するという「テーマ設定」は、行政機関の役割である。都道の建設という一つのテーマに対しても、歩道をどう作るか、環境にどう配慮するか、費用をいくらにするかなど、さまざまなプランがありうる。よってあるテーマが定まると、それに対して複数の民間事業者がそれぞれ「プランA」「プランB」のように選択肢を提供する。人々は高価で高質なプランを選ぶかもしれないし、低価で低質なプランを選ぶかもしれないし、どのプランも実行しないことを選ぶかもしれない。

現行の公共事業入札との大きな違いは二つある。一つ目は選択主体が行政機関でなく有権者であること。二つ目は費用のみならず点数化に馴染まないさまざまな質的要因を反映して選択がなされることだ。そして、この選択の場を取り仕切るのは行政機関であり、また彼らは工事が実施されるときにはその監視を行う。行政機関を監視するのは議会で、議会の監視を行うのは有権者だ。

メカニズムの活用は、住民投票のように、現行の代表民主制の枠内でできることなのだ。直接民主的な制度は、代表民主制や行政機関と必ずしも対立するものではない。それは人々が代表民主制や行政機関をよりうまく活用するための、補強パーツとして随所に組み入れられるものなのだ。民主的と称される制度を、実質的に民主化していくこと。

本書の題名は「多数決を疑う」である。これまで多数決への疑いから始めて、さまざまな集約ルールやメカニズムについて考察し、それらをどこで、どのように使っていけばよいかを問うてきた。そして都道328号線問題は、そうした問いのみならず、多数決さえまともにさせてもらえない現状を疑うことの大切さを教えている。

社会制度は天や自然から与えられるものではなく、人間が作るものだ。人間は自由なものとして生まれたが、至る所で鉄鎖につながれている、とルソーは述べた。未来を描き、いまある現実とあるべき姿を明確に区別するということ。現行制度が与える固定観念がいかに強くとも、それはまぼろしの鉄鎖に過ぎない。

読書案内

ここで簡単な読書案内をしておこう。その他の関連文献については、主要参考文献をご参照いただきたい。

まず社会的選択理論をもう少し本格的に学びたい者には、拙著で恐縮だが坂井豊貴『社会的選択理論への招待——投票と多数決の科学』日本評論社、二〇一三年を薦めたい。本書で扱った定理の多くが、同書ではより厳密に定式化され、証明を与えられている。同書も本書と同じく投票を主に扱っているが、社会的選択理論は厚生経済学を含むより広い射程を持つ学問分野であり、それを本格的に学ぶには

後藤玲子『正義の経済哲学　ロールズとセン』東洋経済新報社、二〇〇二年

鈴村興太郎『社会的選択の理論・序説』東洋経済新報社、二〇一二年

が適している。これらは専門性が高いが、より平易な厚生経済学の書籍に

蓼沼宏一『幸せのための経済学——効率と衡平の考え方』岩波ジュニア新書、二〇一一年

がある。憲法や民主主義については多くの優れた書籍があるが、ここでは特に

長谷部恭男『憲法とは何か』岩波新書、二〇〇六年

ロバート・A・ダール(中村孝文訳)『デモクラシーとは何か』岩波書店、二〇〇一年

を挙げておく。

ルソー『社会契約論』は、桑原武夫と前川貞次郎らの訳による岩波文庫版を含め、邦訳が何点か出版されている。筆者の経験では、ルソーは、彼の書いたものだけを読み込めば分かるというものではない(その作業自体は不可欠だが)。まずはルソーを読んで何が分からないか分かったうえで

重田園江『社会契約論——ホッブズ、ヒューム、ルソー、ロールズ』ちくま新書、二〇一三年

ジョン・ロールズ『ロールズ政治哲学史講義I』岩波書店、二〇一一年(サミュエル・フリーマン編、齋藤純一・佐藤正志・山岡龍一・谷澤正嗣・髙山裕二・小田川大典訳)

を順にあたるのは一案であろう。

第5章の終盤で触れたメカニズムデザインと周波数オークションについてはそれぞれ

坂井豊貴・藤中裕二・若山琢磨『メカニズムデザイン――資源配分制度の設計とインセンティブ』ミネルヴァ書房、二〇〇八年

坂井豊貴『マーケットデザイン――最先端の実用的な経済学』ちくま新書、二〇一三年

が詳しい。

主要参考文献

はじめに

Keane, J.（2009）*The Life and Death of Democracy*, Simon and Schuster（森本醇訳『デモクラシーの生と死（上・下）』みすず書房、二〇一三年）

第1章

Asian Development Bank（2014）*Asian Development OUTLOOK 2014: Fiscal Policy for Inclusive Growth*

Borda, J.-C. de（1784）"Mémoire sur les élections au scrutin" *Histoire de l'Académie Royale des Sciences 1781*

Daunou, P. C. F.（1803）"A Paper on Elections by Ballot" in McLean and Urken（1995）

Fishburn, P. C. and Gehrlein, W. V.（1976）"Borda's Rule, Positional Voting, and Condorcet's Simple Majority Principle" *Public Choice*, Vol. 28

Fraenkel, J. and Grofman, B.（2014）"The Borda Count and Its Real-World Alternatives: Comparing Scoring Rules in Nauru and Slovenia" *Australian Journal of Political Science*, Vol. 49

McDaniel, C. N. and Gowdy, J. M. (2000) *Paradise for Sale*, University of California Press

McLean, I. and Urken, A. B. (1995) *Classics of Social Choice*, Michigan University Press

Okamoto, N. and Sakai, T. (2013) "The Borda Rule and the Pairwise-Majority-Loser Revisited" unpublished manuscript, Keio University

Reilly, B. (2002) "Social Choice in the South Seas: Electoral Innovation and the Borda Count in the Pacific Island Countries" *International Political Science Review*, Vol. 23

Republic of Kiribati (2002) "An Act to Amend the Election of the Beretitenti Act (CAP. 29A)"

Toplak, J. (2006) "The Parliamentary Election in Slovenia, October 2004" *Electoral Studies*, Vol. 25

Trease, H. V. (1992) "The 1991 Election in Kiribati" *Journal of Pacific History*, Vol. 27

第2章と第3章

隠岐さや香『科学アカデミーと「有用な科学」――フォントネルの夢からコンドルセのユートピアへ』名古屋大学出版会、二〇一一年

フィリップ・ゴーレイヴィッチ（柳下毅一郎訳）『ジェノサイドの丘――ルワンダ虐殺の隠された真実（上・下）』WAVE出版、二〇〇三年

Aldrich, J. (1997) "R. A. Fisher and the Making of Maximum Likelihood 1912-1922" *Statistical Science*, Vol. 12

Baker, K. M. (1975) *Condorcet: From Natural Philosophy to Social Mathematics*, The University of Chicago Press

Black, D. (2011 [1958]) *The Theory of Committees and Elections*, Cambridge University Press

Douglass, R. (2013) "Rousseau's Critique of Representative Sovereignty: Principled or Pragmatic?" *American Journal of Political Science*, Vol. 57

Emerson, P. (2007) *Designing an All-Inclusive Democracy*, Springer

Grofman, B. and Feld, S. L. (1988) "Rousseau's General Will: A Condorcetian Perspective" *American Political Science Review*, Vol. 82

Farkas, D. and Nitzan, S. (1979) "The Borda Rule and Pareto Stability: A Comment" *Econometrica*, Vol. 47

Jones, A. (2010) *Genocide: A Comprehensive Introduction*, 2nd edition, Routledge

Malkevitch, J. (1990) "Mathematical Theory of Elections" *Annals of the New York Academy of Sciences*, Vol. 607

McLean, I. and Hewitt, F. (1994) *Condorcet: Foundations of Social Choice and Political Theory*, Edward Elgar Publishing

Moulin, H. (1985) "Fairness and Stability in Voting" in *Fair Allocation* (ed. by Young, P. H.), American Mathematical Society

Moulin, H. (1988) "Condorcet's Principle Implies the No Show Paradox" *Journal of Economic Theory*, Vol.

45

Rae, D. W. and Daudt, H.（1976）“The Ostrogorski Paradox: A Peculiarity of Compound Majority Decision” *European Journal of Political Research*, Vol. 4

Rawls, J.（2007）*Lectures on the History of Political Philosophy*, Harvard University Press（齋藤純一・佐藤正志・山岡龍一・谷澤正嗣・髙山裕二・小田川大典訳『ロールズ政治哲学史講義Ⅰ』岩波書店、二〇一一年）

Rousseau, J.-J.（1762）*Le contrat social*（桑原武夫・前川貞次郎ほか訳『社会契約論』岩波文庫、一九五四年）

Saari, D. G.（2008）*Disposing Dictators, Demystifying Voting Paradoxes: Social Choice Analysis*, Cambridge University Press

Young, H. P.（1988）“Condorcet's Theory of Voting” *American Political Science Review*, Vol. 82

第4章

坂井豊貴「「民意」の絶対視にも問題」（日本経済新聞「経済教室」二〇一二年八月一五日付朝刊）

辻村みよ子『フランス革命の憲法原理――近代憲法とジャコバン主義』日本評論社、一九八九年

早川誠『代表制という思想』風行社、二〇一四年

Arrow, K. J.（1951, 1963）*Social Choice and Individual Values*, 1st/2nd edition, Yale University Press（長名寛

明訳『社会的選択と個人的評価』第三版、勁草書房、二〇一三年）
Black, D. (1948) "On the Rationale of Group Decision-making" *Journal of Political Economy*, Vol. 56
Black, D. (1948) "The Decisions of a Committee Using a Special Majority" *Econometrica*, Vol. 16
Caplin, A. and Nalebuff, B. (1988) "On 64%-Majority Rule" *Econometrica*, Vol. 56
Downs, A. (1957) *An Economic Theory of Democracy*, Addison-Wesley Publishing Company
Gibbard, A. (1973) "Manipulation of Voting Schemes: A General Result" *Econometrica*, Vol. 41
Greenberg, J. (1979) "Consistent Majority Rules over Compact Sets of Alternatives" *Econometrica*, Vol. 47
List, C. (2002) "Two Concepts of Agreement" *The Good Society*, Vol. 11
List, C., Luskin, R. C., Fishkin, J. S., and McLean, I. (2013) "Deliberation, Single-peakedness, and the Possibility of Meaningful Democracy: Evidence from Deliberative Polls" *Journal of Politics*, Vol. 75
McLean, I. and Hewitt, F. (1994) *Condorcet: Foundations of Social Choice and Political Theory*, Edward Elgar Publishing
Moulin, H. (1980) "On Strategy-proofness and Single Peakedness" *Public Choice*, Vol. 35
Murakami, Y. (1968) *Logic and Social Choice*, Routledge（鈴村興太郎訳「論理と社会的選択」中央公論社、一九九七年（『村上泰亮著作集１』所収）
Satterthwaite, M. A. (1975) "Strategy-proofness and Arrow's Conditions: Existence and Correspondence Theorems for Voting Procedures and Social Welfare Functions" *Journal of Economic Theory*, Vol. 10

Urbinati, N. (2004) "Condorcet's Democratic Theory of Representative Government" *European Journal of Political Theory*, Vol. 3

第5章

大竹弘二「公開性の起源」太田出版、ａｔプラス連載
大竹弘二・國分功一郎『統治新論　民主主義のマネジメント』太田出版、二〇一五年
大屋雄裕「功利主義と法：統治手段の相互関係」(日本法哲学会編『法哲学年報　功利主義ルネッサンス――統治の哲学として』有斐閣、二〇一二年)
川出良枝「ボダン――主権論と政体論」(小野紀明・川崎修編集代表『岩波講座　政治哲学1　主権と自由』岩波書店、二〇一四年、第5章所収)
國分功一郎『来るべき民主主義　小平市都道328号線と近代政治哲学の諸問題』幻冬舎新書、二〇一三年
坂井豊貴「政府や自治体によるオークション理論の活用へ」(財務省財務総合政策研究所『効率的な政策ツールに関する研究会報告書』二〇一四年、第5章所収)
坂井豊貴・藤中裕二・若山琢磨『メカニズムデザイン――資源配分制度の設計とインセンティブ』ミネルヴァ書房、二〇〇八年
佐々木毅『主権・抵抗権・寛容――ジャン・ボダンの国家哲学』岩波書店、一九七三年

柘植隆宏「表明選好法と熟議型貨幣評価」（坂井豊貴編著『メカニズムデザインと意思決定のフロンティア』慶應義塾大学出版会、二〇一四年、第5章所収）

柘植隆宏・三谷羊平・栗山浩一編著『環境評価の最新テクニック：表明選好法・顕示選好法・実験経済学』勁草書房、二〇一一年

東京都建設局　府中所沢線ホームページ（二〇一五年一月三〇日確認）
http://www.kensetsu.metro.tokyo.jp/kitakita/kodaira328/qa/index.html

「反映させる会」ホームページ　http://jumintohyo.wordpress.com/（二〇一五年一月三〇日確認）

Budge, I.（1996）*The New Challenge of Direct Democracy*, Polity（杉田敦・上田道明・大西弘子・松田哲訳『直接民主政の挑戦――電子ネットワークが政治を変える』新曜社、二〇〇〇年

Clarke, E.（1971）"Multipart Pricing of Public Goods" *Public Choice*, Vol. 11

Holmström, B.（1979）"Groves' Scheme on Restricted Domains" *Econometrica*, Vol. 47

おわりに

多数決ほど、その機能を疑われないまま社会で使われ、しかも結果が重大な影響を及ぼす仕組みは、他になかなかない。とりわけ、議員や首長など代表を選出する選挙で多数決を使うのは、乱暴というより無謀ではなかろうか。選挙など所詮は儀式だと諦念するのはニヒリスティックだが、リアリスティックではない。なるほど儀式は正統性の発生に重要である。だが選挙の結果が社会に大きな影響を与えうる以上、奇妙な結果に正統性が付与されてはたまらない。

また、「多数決で決めた結果だから民主的」や「選挙で勝った自分の考えが民意」といった粗雑な発言がメディアからよく流れる。この本を作成する途中で、そのような発言に逐一反論を書きたくなることもあったが、意図的に避けた。理由は二つ。まず、そのときどきの発言を扱うと、時間の経過に伴う文章の風化が加速しやすいこと。次に、そのような発言はいまの時代にのみ起こるものではなかろうから、ここで固定する必要はないこと。どの時代の読者もそれらへ抗する言葉を本書から見付けられるなら、筆者の試みは功を奏したことになる。

本書の構想にあたっては、次の会合から多くの刺激を受けた。主催者や幹事の方々に感謝する。それらは「『なめらかな社会とその敵』VCASI研究会」（東京財団）について鈴木健（（株）スマートニュース代表取締役会長・共同CEO）、瀧澤弘和（中央大学教授）、青木昌彦（スタンフォード大学名誉教授）、「効率的な政策ツールに関する研究会」（財務省財務総合政策研究所）について坂本智章（財務省財務総合政策研究所主任研究官）、「実証政治学の最先端学術会議」（新潟県立大学・実証政治学研究センター）について猪口孝（新潟県立大学学長、東京大学名誉教授）らの各氏である。

草稿を発表した「規範理論研究会」（一橋大学経済研究所規範経済学研究センター）では多くの有益な助言をいただいた。加藤晋（東京大学准教授）、鈴村興太郎（日本学士院会員、一橋大学・早稲田大学名誉教授）、吉田博之（日本大学教授）らの各氏、そして特に詳細なコメントをくれた玉手慎太郎氏（東京大学特任研究員）と、学問的教唆とともに温かい励ましをくれた後藤玲子氏（一橋大学教授）に深く感謝する。

慶應義塾における私の研究室メンバー、大谷秀平、岡本実哲、河田陽向、中村祐太、宮下将紀らの各君は、草稿に丁寧なコメントを寄せてくれた。釜賀浩平(上智大学助教)、小島武仁(スタンフォード大学准教授)、高宮浩司(新潟大学准教授)、三原麗珠(香川大学教授)、宮城島要(日本学術振興会特別研究員、早稲田大学)、若山琢磨(龍谷大学准教授)らの各氏には、貴重な助言をいただいたり、議論に付き合っていただいたりした。岩波新書編集部の永沼浩一氏は本書の作成に熱心に取り組み、様々なアドバイスをしてくれた。これらの方々に厚く御礼を申し上げる。

なお本書にある「ボルダ通り」と「コンドルセ通り」の写真は、先にも名前を挙げた河田陽向君が撮影し、使用を快諾してくれたものである。また同君は図表3-2を作成してくれた。彼の親切に深く感謝する。

私事であるが、本書の執筆途中で三九歳になった。本書は私にとって時期的にも内容的にも、節目の一冊である。この場を借りて特に、私の三〇代でのいくつかの分岐点を助けてくれた、井手英策氏(慶應義塾大学教授)の友情と学恩に心から謝意を表したい。また、脱稿間際の時期に長く勤めた職場を退いた父の坂井章と、その間に家庭を支え続けた母の坂井記美子に、深く感謝の意を表したい。妻の坂井万利代は草稿を全編にわたり細かく精査し、計算ミスの訂正から文意の明確化に至るまで、的確な助言を与えてくれた。どうもありがとう。

最後に、いつか二人の子、文嘉と樹が大きくなったときに本書を読んでくれたら嬉しく思う。

二〇一五年一月三〇日　自宅書斎にて

坂井豊貴

坂井豊貴

1975年広島県生まれ
1998年早稲田大学商学部卒業，2000年神戸大学経済学修士課程修了，2005年ロチェスター大学経済学博士課程修了(Ph.D.)．横浜市立大学経営科学系，横浜国立大学経済学部，慶應義塾大学経済学部の准教授を経て，
現在－慶應義塾大学経済学部教授
専攻－社会的選択理論，メカニズム・マーケットデザイン
著書－『社会的選択理論への招待――投票と多数決の科学』(日本評論社，2013年)，『マーケットデザイン――最先端の実用的な経済学』(ちくま新書，2013年)，『マーケットデザイン入門――オークションとマッチングの経済学』(ミネルヴァ書房，2010年)ほか

多数決を疑う
社会的選択理論とは何か　　岩波新書(新赤版)1541

2015年4月21日　第1刷発行
2019年1月15日　第12刷発行

著　者　坂井豊貴《さかいとよたか》

発行者　岡本　厚

発行所　株式会社　岩波書店
〒101-8002 東京都千代田区一ツ橋2-5-5
案内 03-5210-4000　営業部 03-5210-4111
http://www.iwanami.co.jp/

新書編集部 03-5210-4054
http://www.iwanamishinsho.com/

印刷製本・法令印刷　カバー・半七印刷

ISBN 978-4-00-431541-4　　Printed in Japan

岩波新書新赤版一〇〇〇点に際して

ひとつの時代が終わったと言われて久しい。だが、その先にいかなる時代を展望するのか、私たちはその輪郭すら描きえていない。二〇世紀から持ち越した課題の多くは、未だ解決の緒を見つけることのできないままであり、二一世紀が新たに招きよせた問題も少なくない。グローバル資本主義の浸透、憎悪の連鎖、暴力の応酬——世界は混沌として深い不安の只中にある。

現代社会においては変化が常態となり、速さと新しさに絶対的な価値が与えられた。消費社会の深化と情報技術の革命は、種々の境界を無くし、人々の生活やコミュニケーションの様式を根底から変容させてきた。ライフスタイルは多様化し、一面では個人の生き方をそれぞれが選びとる時代が始まっている。同時に、新たな格差が生まれ、様々な次元での亀裂や分断が深まっている。社会や歴史に対する意識が揺らぎ、普遍的な理念に対する根本的な懐疑や、現実を変えることへの無力感がひそかに根を張りつつある。そして生きることに誰もが困難を覚える時代が到来している。

しかし、日常生活のそれぞれの場で、自由と民主主義を獲得し実践することを通じて、私たち自身がそうした閉塞を乗り超え、希望の時代の幕開けを告げてゆくことは不可能ではあるまい。そのために、いま求められていること——それは、個と個の間で開かれた対話を積み重ねながら、人間らしく生きることの条件について一人ひとりが粘り強く思考することではないか。その営みの糧となるものが、教養に外ならないと私たちは考える。歴史とは何か、よく生きるとはいかなることか、世界そして人間はどこへ向かうべきなのか——こうした根源的な問いとの格闘が、文化と知の厚みを作り出し、個人と社会を支える基盤としての教養となった。まさにそのような教養への道案内こそ、岩波新書が創刊以来、追求してきたことである。

岩波新書は、日中戦争下の一九三八年一一月に赤版として創刊された。創刊の辞は、道義の精神に則らない日本の行動を憂慮し、批判的精神と良心的行動の欠如を戒めつつ、現代人の現代的教養を刊行の目的とする、と謳っている。以後、青版、黄版、新赤版と装いを改めながら、合計二五〇〇点余りを世に問うてきた。そして、いままた新赤版が一〇〇〇点を迎えたのを機に、人間の理性と良心への信頼を再確認し、それに裏打ちされた文化を培っていく決意を込めて、新しい装丁のもとに再出発したいと思う。一冊一冊から吹き出す新風が一人でも多くの読者の許に届くこと、そして希望ある時代への想像力を豊かにかき立てることを切に願う。

（二〇〇六年四月）

政治

岩波新書より

法律

治安維持法と共謀罪　内田博文
裁判の非情と人情　原田國男
独占禁止法〔新版〕　村上政博
密着 最高裁のしごと　川名壮志
「法の支配」とは何か　行政法入門　大浜啓吉
会社法入門〔新版〕　神田秀樹
憲法への招待〔新版〕　渋谷秀樹
比較のなかの改憲論　辻村みよ子
大災害と法　津久井進
変革期の地方自治法　兼子仁
原発訴訟　海渡雄一
労働法入門　水町勇一郎
人が人を裁くということ　小坂井敏晶
知的財産法入門　小泉直樹
消費者の権利〔新版〕　正田彬
司法官僚　裁判所の権力者たち　新藤宗幸
名誉毀損　山田隆司

刑法入門　山口厚
家族と法　二宮周平
憲法とは何か　長谷部恭男
良心の自由と子どもたち　西原博史
著作権の考え方　岡本薫
有事法制批判　憲法再生フォーラム編
法とは何か〔新版〕　渡辺洋三
民法のすすめ　星野英一
日本社会と法　渡辺洋三・甲斐道太郎・広渡清吾・小森田秋夫編
日本の憲法〔第三版〕　長谷川正安
憲法と天皇制　横田耕一
自由と国家　樋口陽一
憲法第九条　小林直樹
納税者の権利　北野弘久
小繋事件　戒能通孝
日本人の法意識　川島武宜

カラー版

カラー版 国芳　岩切友里子
カラー版 知床・北方四島　大泰司紀之・本間浩昭
カラー版 西洋陶磁入門　大平雅巳
カラー版 すばる望遠鏡の宇宙　海部宣男・宮下曉彦写真
カラー版 ベトナム 戦争と平和　石川文洋
カラー版 難民キャンプの子どもたち　田沼武能
カラー版 メッカ　野町和嘉
カラー版 シベリア動物誌　福田俊司
カラー版 ハッブル望遠鏡が見た宇宙　野本陽代・R・ウィリアムズ
カラー版 妖怪画談　水木しげる

(2018.11)　(BT)

社会

岩波新書より

岩波新書より

変えてゆく勇気　上川あや
戦争で死ぬ、ということ　島本慈子
社会学入門　見田宗介
冠婚葬祭のひみつ　斎藤美奈子
壊れる男たち　金子雅臣
少年事件に取り組む　藤原正範
いまどきの「常識」　香山リカ
働きすぎの時代　森岡孝二
桜が創った「日本」　佐藤俊樹
生きる意味　上田紀行
ルポ 戦争協力拒否　吉田敏浩
ウォーター・ビジネス　中村靖彦
男女共同参画の時代　鹿嶋敬
当事者主権　中西正司・上野千鶴子
ルポ 解雇　島本慈子
豊かさの条件　暉峻淑子
人生案内　落合恵子
若者の法則　香山リカ
自白の心理学　浜田寿美男

原発事故はなぜくりかえすのか　高木仁三郎
日本の近代化遺産　伊東孝
証言 水俣病　栗原彬編
コンクリートが危ない　小林一輔
東京国税局査察部　立石勝規
ドキュメント 屠場　鎌田慧
能力主義と企業社会　熊沢誠
沖縄 平和の礎　大田昌秀
現代社会の理論　見田宗介
原発事故を問う　七沢潔
災害救援　野田正彰
命こそ宝 沖縄反戦の心　阿波根昌鴻
スパイの世界　中薗英助
都市開発を考える　大野輝之・レイコ・ハベ・エバンス
ディズニーランドという聖地　能登路雅子
原発はなぜ危険か　田中三彦
豊かさとは何か　暉峻淑子
農の情景　杉浦明平

光に向って咲け　粟津キヨ
異邦人は君ヶ代丸に乗って　金賛汀
読書と社会科学　内田義彦
科学文明に未来はあるか　野坂昭如編著
プルトニウムの恐怖　高木仁三郎
社会科学における人間　大塚久雄
沖縄ノート　大江健三郎
地の底の笑い話　上野英信
この世界の片隅で　山代巴編
音から隔てられて　入谷仙介・林瓢介編
ものいわぬ農民　大牟羅良
民話を生む人々　山代巴
死の灰と闘う科学者　三宅泰雄
米軍と農民　阿波根昌鴻
沖縄からの報告　瀬長亀次郎
暗い谷間の労働運動　大河内一男
ユダヤ人　J-P・サルトル 安堂信也訳
社会認識の歩み　内田義彦
社会科学の方法　大塚久雄

現代世界

岩波新書より

多民族国家 中国　王　柯
国連とアメリカ　最上敏樹
東アジア共同体　谷口　誠
ヨーロッパとイスラーム　内藤正典
現代の戦争被害　小池政行
帝国を壊すために　アルンダティ・ロイ　本橋哲也訳
多文化世界　青木　保
デモクラシーの帝国　藤原帰一
パレスチナ〔新版〕　広河隆一
人道的介入　最上敏樹
異文化理解　青木　保
ロシア市民　中村逸郎
ロシア経済事情　小川和男
南アフリカ「虹の国」への歩み　峯　陽一
ユーゴスラヴィア現代史　柴　宜弘
ビルマ「発展」のなかの人びと　田辺寿夫
東南アジアを知る　鶴見良行
獄中19年　徐　勝

モンゴルに暮らす　一ノ瀬恵
チェルノブイリ報告　広河隆一
イスラームの日常世界　片倉もとこ
サッチャー時代のイギリス　森嶋通夫
エビと日本人　村井吉敬
バナナと日本人　鶴見良行
韓国からの通信　T・K生　「世界」編集部編
現代支那論　尾崎秀実

福祉・医療

岩波新書より

環境・地球

- 水の未来　沖　大幹
- 異常気象と地球温暖化　鬼頭昭雄
- エネルギーを選びなおす　小澤祥司
- 欧州のエネルギーシフト　脇阪紀行
- グリーン経済最前線　井田徹治・末吉竹二郎
- 低炭素社会のデザイン　西岡秀三
- 環境アセスメントとは何か　原科幸彦
- 生物多様性とは何か　井田徹治
- キリマンジャロの雪が消えていく　石　弘之
- イワシと気候変動　川崎　健
- 森林と人間　石城謙吉
- 世界森林報告　山田　勇
- 地球の水が危ない　高橋　裕
- 地球環境報告Ⅱ　石　弘之
- 地球温暖化を防ぐ　佐和隆光
- 地球環境問題とは何か　米本昌平
- 地球環境報告　石　弘之
- 国土の変貌と水害　高橋　裕
- 水俣病　原田正純

情報・メディア

- K-POP　新感覚のメディア　金　成玫
- メディア不信　何が問われているのか　林　香里
- グローバル・ジャーナリズム　澤　康臣
- キャスターという仕事　国谷裕子
- 読んじゃいなよ！　高橋源一郎編
- 読書と日本人　津野海太郎
- スポーツアナウンサー　実況の真髄　山本　浩
- 戦争と検閲　石川達三を読み直す　河原理子
- NHK〔新版〕　松田　浩
- 震災と情報　徳田雄洋
- メディアと日本人　橋元良明
- 本は、これから　池澤夏樹編
- デジタル社会はなぜ生きにくいか　徳田雄洋
- ジャーナリズムの可能性　原　寿雄
- ITリスクの考え方　佐々木良一
- ユビキタスとは何か　坂村　健
- ウェブ社会をどう生きるか　西垣　通
- 報道被害　梓澤和幸
- メディア社会　佐藤卓己
- 現代の戦争報道　門奈直樹
- 未来をつくる図書館　菅谷明子
- メディア・リテラシー　菅谷明子
- 職業としての編集者　吉野源三郎
- 本の中の世界　湯川秀樹
- 私の読書法　大内兵衛・茅誠司

岩波新書より

宗教

- 初期仏教 ブッダの思想をたどる　馬場紀寿
- 内村鑑三 悲しみの使徒　若松英輔
- パウロ 十字架の使徒　青野太潮
- 弘法大師空海と出会う　川﨑一洋
- 高野山　松長有慶
- マルティン・ルター　徳善義和
- 教科書の中の宗教　藤原聖子
- 『教行信証』を読む 親鸞の世界へ　山折哲雄
- 国家神道と日本人　島薗進
- 聖書の読み方　大貫隆
- 寺よ、変われ　高橋卓志
- 親鸞をよむ　山折哲雄
- 日本宗教史　末木文美士
- 中世神話　山本ひろ子
- 法華経入門　菅野博史
- イスラム教入門　中村廣治郎
- ジャンヌ・ダルクと蓮如　大谷暢順
- 蓮如　五木寛之
- キリスト教と笑い　宮田光雄
- 密教　松長有慶
- 仏教入門　三枝充悳
- モーセ　浅野順一
- イスラーム(回教)　蒲生礼一
- 背教者の系譜　武田清子
- 聖書入門　小塩力
- イエスとその時代　荒井献
- 慰霊と招魂　村上重良
- 国家神道　村上重良
- お経の話　渡辺照宏
- 日本の仏教　渡辺照宏
- 仏教〔第二版〕　渡辺照宏
- チベット　多田等観
- 禅と日本文化　鈴木大拙 北川桃雄訳

心理・精神医学

- モラルの起源　亀田達也
- トラウマ　宮地尚子
- 自閉症スペクトラム障害　平岩幹男
- 自殺予防　高橋祥友
- だます心 だまされる心　安斎育郎
- 痴呆を生きるということ　小澤勲
- 快適睡眠のすすめ　堀忠雄
- 精神病　笠原嘉
- やさしさの精神病理　大平健
- 生涯発達の心理学　高橋惠子 波多野誼余夫
- コンプレックス　河合隼雄

岩波新書/最新刊から

1747 幸福の増税論 —財政はだれのために— 井手英策 著

「公・共・私のベストミックス」の理念のもと、すべての人に「ベーシック・サービス」を。財政・社会改革の未来構想を語り尽す。

1748 給食の歴史 藤原辰史 著

明暗二つの顔を持つ給食。貧困、災害、運動、教育、世界という五つの視角によって、知られざる歴史に迫り、今後の可能性を探る。

1749 認知症フレンドリー社会 徳田雄人 著

医療的な対応だけでなく社会そのものを変えてみよう。図書館や新たな就労の場等を当事者と共に創っている、先進的な国内外の実践。

1750 百姓一揆 若尾政希 著

「反体制運動ではなかった」、「竹槍や蓆旗《むしろばた》は使われなかった」——大きく転換した百姓一揆の歴史像から、近世という時代を考える。

1751 フランス現代史 小田中直樹 著

一九四四年の解放からマクロン政権まで、戦後フランスを「分裂と統合の弁証法」というメカニズムのもとに総体的にとらえる。

1752 保育の自由 近藤幹生 著

いま求められる子ども観・保育観とは？「新制度」や「新指針」を正面から検討し、当事者のための保育の在り方を提案する。

1753 物流危機は終わらない —暮らしを支える労働のゆくえ— 首藤若菜 著

物流危機の原因は現場の労働問題にあった！トラックドライバーの過酷な現場を活写し、現代日本が直面した困難を描く。

1754 平成の藝談 歌舞伎の真髄にふれる 犬丸治 著

芸談とは、先人への懐古憧憬であるとともに後進への叱咤鞭撻でもある。平成の世に輝いた役者たちのことばでつむぐ歌舞伎論。

(2019. 1)